MAGASIN THÉATRAL

PIÈCES ANCIENNES ET MODERNES

NEUVES ET D'OCCASION

Prix : 1

LIBRAIRE — BARBRÉ — ÉDITEUR
12, BOULEVARD SAINT-MARTIN, 12
PARIS

Les Petits Mousquetaires

LES

PETITS MOUSQUETAIRES

OPÉRA COMIQUE

Représenté pour la première fois, à Paris, sur le THÉATRE DES FOLIES-DRAMATIQUES, le 5 mars 1885.

LES PETITS MOUSQUETAIRES

OPÉRA COMIQUE

EN TROIS ACTES, CINQ TABLEAUX

PAROLES DE

PAUL FERRIER ET JULES PRÉVEL

MUSIQUE DE

LOUIS VARNEY

C·L

PARIS
CALMANN LÉVY, ÉDITEUR
ANCIENNE MAISON MICHEL LÉVY FRÈRES
3, RUE AUBER, 3

1885

PERSONNAGES

BONACIEUX	MM. GOBIN.
PLANCHET.	SIMON MAX.
M. DE TRÉVILLE	TONY RIOM.
PORTHOS.	RIGA.
ATHOS	MONTAUBRY.
ARAMIS	DELAUSNAY.
BAZIN	DUHAMEL.
MITOUFLET	PÉRICAUD.
GRIMAUD	P. GINET.
MOUSQUETON	GILDÈS.
UN OFFICIER DES GARDES DU CARDINAL . .	SPECK.
MORTADELLI	VAN DE GEND.
PICARD.	BAY.
1er MOUSQUETAIRE. . .	FERNAND.
D'ARTAGNAN	Mmes MARGUERITE UGALDE.
ARMIDE DE TRÉVILLE	DESCLAUZAS.
CONSTANCE BONACIEUX	JEANNE ANDRÉE.
MADELEINE.	SAVARY.

MOUSQUETAIRES, GARDES DU CARDINAL, PÊCHEURS, PÊCHEUSES, BOURGEOIS, GARÇONS ET FILLES D'AUBERGE.

S'adresser pour la musique et pour la mise en scène, chez MM. CHOUDENS PÈRE ET FILS, éditeurs de la partition, 28, boulevard des Capucines.

LES PETITS MOUSQUETAIRES

ACTE PREMIER

L'HOTELLERIE DE MEUNG

La cour de l'hôtellerie. — Au fond, porte charretière, grande ouverte, laissant voir le village. — A gauche et à droite le maisonnage. — A droite, un perron de bois avec balustrade, sur laquelle s'ouvre une porte. — Autre porte au premier plan. — A gauche, une porte. — Au dessus de la porte du fond l'enseigne: A LA DOUBLE LICORNE. — Quelques tables et des escabeaux.

SCÈNE PREMIÈRE

GENS attablés, GARÇONS D'AUBERGE et FILLES D'AUBERGE, allant et venant, L'HOTE, [illegible], puis MOUSQUETON, puis GRIMAUD et BAZIN.

INTRODUCTION

GENS, attablés.

A boire, à boire! allons, marauds
La gaîté chante au fond des brocs
A boire, vidons les brocs!

L'HOTE.

Chaud ! chaud ! vite au cellier, aux fourneaux, à la broche.
Que chaque poste soit pourvu !
De la noce l'heure approche
Et de plus, mes enfants, attendons l'imprévu !

LE CHŒUR.

L'imprévu ?

L'HOTE.

L'imprévu... que je prévois du reste,
C'est quelque mousquetaire !

LE CHŒUR.

Un mousquetaire ?

L'HOTE.

Eh ! oui !
Je sais — d'où mon air réjoui —
Que pour Fontainebleau le Roi part aujourd'hui :
Les mousquetaires lui font escorte.

LE CHŒUR.

La peste
S'ils campent dans les environs !

L'HOTE.

Vraiment ? J'y compte bien, pour ma part ! Vous, poltrons,
Cachez vos femmes et vos filles,
Tirez sur vous verrous et grilles,
Moi je les attends sans frayeur,
Et même je leur garde
Ma meilleure poularde
Et mon vin le meilleur !

LE CHŒUR.

Ta meilleure poularde
Et ton vin le meilleur !

REPRISE DE L'ENSEMBLE.

A boire, à boire ! Allons, marauds !
La gaité chante au fond des brocs,
A boire ! vidons les brocs !

GRIMAUD, entrant.

A *la Double Licorne* ! allons, je me hasarde !

I

N auriez-vous point vu, par hasard,
Mon maître, un noble mousquetaire,
Altier d'allure et le regard
Aussi franc que le caractère ?
Sans que je dise son nom,
Vous ne l'avez pas vu ?

L'HOTE.

Non ! non !

GRIMAUD.

Je ne saurais m'y méprendre,
C'est ici qu'il m'adressa !

L'HOTE.

Ah bah !

GRIMAUD.

C'est ici qu'il faut l'attendre !

TOUS.

Un mousquetaire déjà ! Ah ! ah ! ah ! ah !

Grimaud se perd dans les groupes.

MOUSQUETON, entrant.

II

N'auriez-vous point vu, par hasard,
Mon maître, un hardi mousquetaire,
Un vrai soldat, un grand gaillard
De six pieds au-dessus de terre?
Sans que je dise son nom
Vous ne l'avez pas vu?

L'HOTE.

Non! non!

MOUSQUETON.

Je ne saurais m'y méprendre,
C'est ici qu'il m'adressa.

L'HOTE.

Ah bah!

MOUSQUETON.

C'est ici qu'il faut l'attendre!

TOUS.

Deux mousquetaires déjà?... Ah! ah! ah! ah.

Même jeu que Grimaud.

BAZIN, entrant.

III

N'auriez-vous point vu, par hasard,
Mon maître, un joli mousquetaire,
Les traits fins et l'œil papelard
D'un abbé mis en militaire?
Sans que je dise son nom,
Vous ne l'avez pas vu?

L'HÔTE.

Non! non!

BAZIN.

Je ne saurais m'y méprendre,
C'est ici qu'il m'adressa!

L'HOTE.

Ah bah!

BAZIN.

C'est ici qu'il faut l'attendre!

TOUS.

Trois mousquetaires, déjà ?.. Ah! ah! ah! ah!

L'HOTE.

Enfin! voilà des mousquetaires!
Ça fera marcher les affaires!

LE CHŒUR DES BOURGEOIS.

Trois mousquetaires, ça se gâte,
Et devant cette invasion,
Dans nos maisons rentrons en hâte
Nous clore, par précaution!

Ils sortent au fond.

SCÈNE II

BAZIN, GRIMAUD, MOUSQUETON,
L'HOTE va et vient.

MOUSQUETON.

Personne encore?

L'HOTE.

Que faut-il servir à Monsieur?

MOUSQUETON.

La paix!

L'HOTE, à Grimaud.

A Monsieur?

GRIMAUD.

Le calme!

L'HOTE, à Bazin,

Et à Monsieur?

BAZIN.

La sérénité de l'âme!

L'HOTE, s'éloignant.

Hum! Singulières consommations!

BAZIN.

Tiens! Grimaud!

GRIMAUD.

Bazin!

BAZIN.

Et Mousqueton!

Poignées de mains.

MOUSQUETON.

Nous trois! — Je parie que nous attendons nos maîtres.

GRIMAUD.

Que paries-tu?

MOUSQUETON.

Une année de mes gages?

GRIMAUD.

Qu'est-ce que tu gagnes?

MOUSQUETON.

Rien.

GRIMAUD.

Ce sont mes prix!... Mais quant à tenir compte...

BAZIN.

Ne fais pas ça!... Je suis fixé, moi! Mon maître, le seigneur Aramis, m'a dépêché à *la Double Licorne*, que voici, pour commander un déjeuner de trois couverts.

MOUSQUETON.

C'est commandé?

BAZIN.

Pas encore!... Mon maître m'avait recommandé le mystère... Mais, entre nous, il n'y a point à se gêner.

GRIMAUD.

Axiome : Il ne faut jamais se gêner !

MOUSQUETON.

Autre axiome : Il vaut mieux gêner les autres !

BAZIN.

Holà ! Double Licorne !

L'HOTE, s'approchant.

Mon vrai nom est Mitouflet.

BAZIN.

J'aime mieux « Double Licorne ». (Montrant la droite.) Je vous retiens cette salle.

L'HOTE.

Profond regret !... Elle est retenue déjà pour un repas de noce.

GRIMAUD.

Quelle noce ?

L'HOTE.

La noce à M. Bonacieux.

GRIMAUD.

L'affreux Bonacieux !

MOUSQUETON.

L'horrible Bonacieux !

GRIMAUD.

Et qui, diable ! peut consentir à épouser cette âme damnée du cardinal ?

MOUSQUETON.

Quelque matrone hors d'âge?

L'HOTE.

Que nenni, mes maîtres!... La fiancée est jeune, jolie et tout à fait avenante : Mademoiselle Constance, la filleule de M. de Laporte.

BAZIN.

L'homme de confiance de Madame la Reine!

GRIMAUD.

Étrange!

MOUSQUETON.

Surnaturel!

BAZIN.

Je m'y perds! Une femme à la reine et un homme au cardinal!

GRIMAUD.

Quel assemblage!

L'HOTE.

Si Messeigneurs vos maîtres veulent se contenter de cette salle... (Montrant la gauche.) Elle est moins spacieuse, mais ils pourront y deviser à loisir.

BAZIN.

Va pour cette salle!... Nous les attendrons au frais... Entrons-nous?

GRIMAUD.

Entrons!... mais s'asseoir sans boire?...

BAZIN.

Servez-nous quelques bouteilles !

MOUSQUETON.

Boire sans manger ?...

GRIMAUD.

Servez-nous quelques victuailles !

Ils sortent à gauche.

L'HOTE.

Allons! allons! la journée sera bonne !

SCÈNE III

L'HOTE, puis ATHOS, PORTHOS et ARAMIS

Chacun d'eux entre sur une musique de scène, s'assure de l'enseigne, fait signe que c'est le but de son voyage et va s'asseoir à une table différente.

L'HOTE.

Elle sera excellente, la journée !

PORTHOS.

Holà ! l'hôte ! Une poularde !

ATHOS.

Un pichet !

ARAMIS.

Un verre d'eau ! (Au son des voix, ils se retournent et se lèvent.) Fidèles au rendez-vous !

ATHOS.

Toujours !

PORTHOS.

Et principalement quand il s'agit de déjeuner !

ARAMIS, à l'hôte.

Avez-vous vu mon laquais ?

L'HOTE.

Un homme timide, à la parole onctueuse ?

ARAMIS.

C'est lui... c'est Bazin!

L'HOTE.

Il attend Votre Seigneurie dans cette salle, avec deux compagnons à l'air bête.

ATHOS.

C'est Grimaud ! —

PORTHOS.

C'est Mousqueton !

ARAMIS.

En ce cas, servez-nous à déjeuner vivement !

L'HOTE.

Je vole ! Il sort.

ATHOS.

Il vole!... Un hôtelier qui se rend justice!... Et maintenant nous diras-tu pourquoi ce rendez-vous mystérieux à l'enseigne de *la Double Licorne?*

ARAMIS.

Mais, pour déjeuner de compagnie.

PORTHOS.

Heuh!... pas d'anguille sous roche!

ATHOS.

Trop curieux, ami Porthos!.. Et que nous importe?.. Aramis a-t-il besoin de nos épées, elles sont à lui!... N'en a-t-il pas besoin?...

PORTHOS.

Elles sont à lui tout de même!

ARAMIS.

Merci tous deux!... Le cas échéant, je sais que je puis compter sur vous.

PORTHOS.

On aime cependant à savoir...

ARAMIS.

Quoi?... Les intrigues qui se nouent à la cour... les complots qui s'ourdissent contre la reine... ou monsieur de Richelieu... les conspirations qui vous conduisent, les uns à la Bastille et les autres en place de Grève?... Trop parler nuit, ami Porthos, et le plus sage, si l'on ne sait résister à la démangeaison de bavarder...

ATHOS et PORTHOS.

Le plus sage ?

ARAMIS.

Le voici.

TERZETTO

ARAMIS.

On peut tout raconter sans vaines imprudences.
Et sans manquer de tact,
Et voici comme on fait, avec des réticences,
Un récit très exact !

ATHOS et PORTHOS.

Voyons donc comme on fait, avec des réticences,
Un récit très exact !

ARAMIS.

1

Il paraît que le duc de... hum ! Vous m'entendez bien ?

LES MOUSQUETAIRES.

Nous entendons bien !

ARAMIS.

Est follement épris de... hum ! Mais n'en dites rien !

LES MOUSQUETAIRES.

Nous n'en dirons rien !

ARAMIS.

Tant et tant que Monsieur de... hum ! Serez-vous discrets ?

LES MOUSQUETAIRES.

Nous serons discrets !

ARAMIS.

surpris l'autre jour le... hum! Gardez mes secrets !

ATHOS et PORTHOS.

Le duc de qui ?

ARAMIS.

Je dois me taire!

ATHOS et PORTHOS.

É de qui?

ARAMIS.

Trop curieux!

ATHOS et PORTHOS.

Monsieur le quoi ?

ARAMIS.

C'est un mystère !

ATHOS et PORTHOS.

A surpris quoi ?

ARAMIS.

Nenni, Messieurs !

ATHOS et PORTHOS.

Mais tu ne nous dis rien?

ARAMIS.

C'est là qu'est la malice
Et je vous livre le moyen
Renouvelé de La Palisse,
De dire tout sans dire rien!

Reprise ensemble

ARAMIS.

II

Car le grand Cardinal qui... hum! vous m'entendez bien?

LES MOUSQUETAIRES.

Nous entendons bien!

ARAMIS.

Conserve au fond du cœur son... hum! Mais n'en dites rien!

LES MOUSQUETAIRES.

Nous n'en dirons rien!

ARAMIS.

En dénonçant au roi le... hum! Serez-vous discrets?

LES MOUSQUETAIRES.

Nous seront discrets!

ARAMIS.

Compte bien perdre ainsi le... hum! Gardez mes secrets!

ATHOS et PORTHOS.

Le cardinal?

ARAMIS.

Je dois me taire!

ATHOS et PORTHOS.

Conserve quoi?

ARAMIS.

Trop curieux!

ATHOS et PORTHOS.

Dénoncer qui?

ARAMIS.

C'est un mystère!

ATHOS et PORTHOS.

Et perdre qui?

ARAMIS.

Nenni, Messieurs!

ATHOS et PORTHOS.

Mais tu ne nous dis rien!

ARAMIS.

C'est là qu'est la malice...
Etc.

Reprise ensemble.

L'HOTE.

Le déjeuner de Vos Excellences est servi.

ATHOS.

A table, Porthos!

ARAMIS.

A table! Aussi bien voici la noce!

PORTHOS, prenant un panier de bouteilles des mains de l'hôte.

Confiez-moi cela... Je vous rendrai le verre!

On entend la musique au dehors. — Ils sortent à gauche.

SCÈNE IV

BONACIEUX, CONSTANCE, GENS DE LA NOCE.

Ils entrent en chantant et dansant.

CHŒUR.

En allant à la noce,
La noce à Mathurin,
Rosette fit rencontre
D'un loup sur son chemin !
Houh ! houh ! houh !
Houh ! la mauvaise bête !
Laisse passer Rosette,
La belle n'est pas faite
Pour les crocs d'un vieux loup !
Houh ! houh !

(*Cris.*) Vivent les mariés !

BONACIEUX.

Ouf ! nous voilà rendus à *la Double Licorne !*
On a bien dansé, bien chanté !

A Constance.

Mais vous, mon cœur, parmi notre gaieté,
Vous gardez l'air songeur et morne !
Un jour d'hymen, ce n'est pas de saison.
Vous avez soupiré tout le long du voyage !

CONSTANCE.

C'est que je fais un mariage...
Un mariage de raison!

COUPLETS.

I

J'aurais pu, comme plus d'une
Dont le sort fut plus heureux,
Sans souci de la fortune,
Épouser un amoureux!
Jeune et beau, galant et tendre,
Il eût désarmé mon cœur!..
Mais voyez donc l'air vainqueur
Du mari qu'on m'a fait prendre!

Pardon, mon cher époux,
Mais dam! regardez-vous,
Quel charme avez-vous en partage?
Je serai constamment
Fidèle à mon serment...
N'en demandez pas davantage!

II

Je suis, la chose est signée,
A vous depuis ce matin :
C'en est fait et, résignée,
J'accepterai mon destin!
Mais vous, mettez-y du vôtre,
Et je m'engage, en tout cas,
Si je ne vous aime pas,
A n'en pas aimer un autre!

Pardon, mon cher époux, etc., etc.

BONACIEUX la voulant consoler.

Voyons, voyons, ma petite femme!

CONSTANCE.

Je ne suis pas votre petite femme!

BONACIEUX.

Ah! il s'en manque de si peu! Le tabellion y a passé! le chapelain y a passé... Quant à moi, je... hume d'avance la coupe enchanteresse...

CONSTANCE.

Humez, monsieur Bonacieux, humez! (A part.) Il y a loin de la coupe aux lèvres!

BONACIEUX.

Certainement, je hume! D'abord, tu verras...

CONSTANCE.

Je vous prie de ne pas me tutoyer!

BONACIEUX.

Je croyais qu'après la douce cérémonie de ce matin...

CONSTANCE.

Vous croyiez mal!

BONACIEUX.

Alors, j'attendrai... j'attendrai jusqu'à demain... Et je reprends: D'abord, vous verrez... Je gagne à être connu!

CONSTANCE.

Connu? Comment?

BONACIEUX.

Eh bien! mais comme mari! Je ne me leurre pas d'une sotte fatuité...

CONSTANCE.

Non, ça vous siérait mal.

BONACIEUX.

Je ne suis pas joli, joli...

CONSTANCE.

Vous êtes sévère... mais uste.

BONACIEUX.

Sans doute... je voulais dire seulement...

CONSTANCE.

Quelque sottise!

BONACIEUX.

Pas du tout!.. Je voulais dire que je suis aimable.

CONSTANCE.

Oh! oh! aimable! aimable! Pas pour vos invités, toujours, que vous oubliez!

BONACIEUX.

C'est vrai, j'oubliais mes invités... Nous reprendrons cet entretien dans le silence de l'alcôve! (Appelant.) Holà! l'hôte!

L'HOTE.

Monsieur Bonacieux, le nouveau marié!.. Je vous ai reconnu tout de suite!

BONACIEUX.

Quel flair!

L'HOTE.

A votre bouquet de fleurs d'oranger.

BONACIEUX.

Très judicieux!... Le festin que je vous ai commandé?

L'HOTE.

Les casseroles chantent... les broches tournent...

BONACIEUX.

Alors, à table!

L'HOTE, indiquant la droite.

Par ici!... Là, (Il montre la gauche.) j'ai des mousquetaires.

CONSTANCE.

Ah!

BONACIEUX.

Vous avez fait : Ah!

CONSTANCE.

Pas du tout! J'ai fait : Ah!

BONACIEUX.

Votre ah! était joyeux!

CONSTANCE.

Non, Monsieur, mon ah! était indifférent!

BONACIEUX.

Oh!

CONSTANCE.

Et votre oh ! est impertinent !

BONACIEUX.

Madame !

CONSTANCE.

Monsieur !

BONACIEUX.

Calmons-nous !... Nos invités nous contemplent et l'hôte a les yeux fixés sur nous !... Nous rajouterons cela à l'entretien que nous reprendrons !... Allons, à table.

TOUS.

A table !

Ils sortent sur la reprise : En allant à la noce.

SCÈNE V

ARAMIS, *puis* CONSTANCE

ARAMIS, *sort de gauche.*

Enfin !... La noce s'est éloignée et je puis... (*Il regarde autour de lui*) Personne !... Aurais-je été mystifié ? Voici bien pourtant l'heure et le lieu du rendez-vous. La duègne, qui m'est venue trouver, m'a bien dit : Une femme viendra, que vous ne connaissez point et à qui vous remettrez la lettre que vous avez reçue avec défense expresse de rompre le cachet!... Si cette femme laisse tomber son mouchoir, c'est que vous pourrez lui remettre sans danger le pli mystérieux!... Et Porthos qui demandait à savoir!... Qu'est-ce que je sais donc moi-même?

CONSTANCE, descendant de la droite.

Un mousquetaire!

Elle descend et passe devant lui.

ARAMIS.

Une jeune femme que je ne connais pas!

CONSTANCE.

« Amour! »

ARAMIS.

Le mot d'ordre convenu!... « Toujours! »

CONSTANCE.

« Fidélité! »

ARAMIS.

« Éternité! »

CONSTANCE.

C'est lui!

ARAMIS.

C'est elle! (Constance laisse tomber son mouchoir.) Voici votre mouchoir, Madame.

CONSTANCE.

Ah!

ARAMIS, baissant la voix.

Et la lettre !

Il lui remet une lettre cachetée.

CONSTANCE.

Merci !

Elle va s'éloigner.

ARAMIS, la retenant.

Un mot, Madame !... J'ignore à quelle intrigue nous sommes mêlés tous les deux...

CONSTANCE, vivement.

Il vous est défendu de chercher à comprendre !

ARAMIS.

Aussi je ne cherche point !... Tenez, je ne vous ai même pas demandé votre nom !

CONSTANCE.

Constance Bonacieux... Bonacieux depuis ce matin.

ARAMIS.

Bonacieux ?... Mais cet affreux homme est l'espion du Cardinal... et ce serait à vous...

CONSTANCE.

Vous voyez que vous demandez déjà des explications !

ARAMIS.

Eh bien !.. non ! non ! je renonce à rien demander ! Mais cette lettre cependant, cette lettre, si importante à en juger par tant de mystères, est-elle vraiment en sûreté dans vos mains ?

CONSTANCE.

On ne l'aurait qu'avec ma vie!

ARAMIS.

Sans doute la défendriez-vous contre le téméraire... Mais il est telle personne à qui toute témérité semble permise aujourd'hui...

CONSTANCE.

M. Bonacieux?

ARAMIS.

Justement!

CONSTANCE, montrant la lettre dans son corsage.

Je vous jure que pas plus lui qu'un autre. .

ARAMIS.

Cependant... et là précisément où vous la cachez...

DUETTO.

ARAMIS.

I

Dans votre chambre nuptiale,
Ce soir, quand minuit sonnera,
Et quand, par faveur spéciale,
Votre époux se présentera...

CONSTANCE.

Eh bien?

ARAMIS.

Eh bien, je n'ose dire
Ce que je crains en ce moment!

CONSTANCE.

Mon serment vous devrait suffire,
Confiez-vous à mon serment !

ARAMIS.

Quoi ! vraiment ? Ce secret message
Sur vous serait en sûreté
Et votre époux désappointé ?

CONSTANCE.

Rassurez-vous, il sera sage !

II

ARAMIS.

Eh bien, d'honneur ! je plains le drôle,
Et devant le bonheur rêvé,
Si je devais jouer son rôle,
Vous me verriez moins réservé !

CONSTANCE.

Comment !

ARAMIS.

Eh ! pardieu ! c'est en maitre
Que je réclamerais mes droits !

CONSTANCE.

Non, je suis tenace et peut-être
Vous y brûleriez-vous les doigts ?

ARAMIS.

Aux charmes de votre corsage
Pour rendre un peu de liberté,
J'essaierais, par l'appât tenté...

CONSTANCE.

Rassurez-vous, vous seriez sage !

ARAMIS.

Vive Dieu ! Madame, vous m'en direz tant...

Cris en dehors.

La mariée! La mariée !

SCÈNE VI

LES MÊMES, BONACIEUX.

BONACIEUX, *paraissant sur le perron.*

Madame Bonacieux ? Où diantre est-elle passée ?.. (*Descendant et la voyant avec Aramis.*) Ah ! ah !.. Nous pouvions vous chercher autour de la table... Et le petit Fridelin pouvait chercher dessous... histoire de détacher votre jarretière !.. Vous étiez en conversation...

CONSTANCE.

M. Aramis m'adressait ses compliments !

BONACIEUX.

Je l'ai bien vu, pardieu !

CONSTANCE.

Attendez donc !.. A l'occasion de notre mariage.

BONACIEUX.

Ah ! Monsieur vous adressait des compliments...

ARAMIS, *d'un air aimable.*

De condoléance... oui, maître Bonacieux !

BONACIEUX, *aimable.*

De condoléance... Très touché de... (*Se reprenant.*) Ah ! mais, pardon, c'est une impertinence !

ARAMIS.

Et vous ne les aimez pas ?

BONACIEUX.

Non, Monsieur !

ARAMIS.

En ce cas, Monsieur...

Il met la main à la garde de son épée.

BONACIEUX.

Pardon ! pardon !.. Souffrez qu'on s'explique... Je n'aime pas les impertinences, disais-je...

ARAMIS.

Eh bien ?

BONACIEUX.

... Du premier venu... mais d'un mousquetaire, jeune, brave et... friand de la lame... je suis plein de déférence pour les mousquetaires !

ARAMIS.

J'accepte vos excuses.

BONACIEUX, à part.

Toi ! je te retrouverai !

ARAMIS.

Vous dites?

BONACIEUX.

Je dis que je vous retrouverai... toujours avec un nouveau plaisir... Mais aujourd'hui, vous le voyez, je me suis marié.

ARAMIS, galant.

On fait des sottises à tout âge !

BONACIEUX, aimable.

On fait des s... (Se reprenant.) Encore une impertinence !

CONSTANCE.

Oui, encore!.. Faites-en vos excuses à Monsieur!

BONACIEUX.

Je les fais... Je me réapplatis... seulement, si je me suis marié, c'est pour prendre femme...

ARAMIS.

Évidemment!..

BONACIEUX, emmenant Constance.

Et avec votre permission... je la prends... Venez, Madame!.. Nos invités ne vous ont que trop attendue!.. (Ils s'arrêtent en entendant le bruit extérieur.) Qu'est ceci ?

TOUS, au dehors.

Ah ! ah ! ah ! ah !

SCÈNE VII

LES MÊMES, puis LE CHOEUR, D'ARTAGNAN, PLANCHET, puis ATHOS, PORTHOS, GRIMAUD, MOUSQUETON, BAZIN, L'HOTE,

CHŒUR.

Ah! ah! les joyeuses figures!
Ah! ah! le maître et le valet!
Ah! ah! ah! ah!
Habits, cavaliers et montures,
Mes amis, l'ensemble est complet!
Ah! ah! ah! ah!
L'ensemble est complet!

D'ARTAGNAN, entrant du fond.

Té! Qu'est-ce donc? et qu'avez-vous à rire?
De ce concours de gens suis-je vraiment l'objet?
Si c'est que l'on m'admire,
Vous en avez sujet,
Et sans orgueil et sans vergogne,
Je vais vous dire qui je suis,
Quel est mon nom et quel pays!

TOUS.

Dites le nom et le pays!

D'ARTAGNAN.

Mon nom est d'Artagnan et mon pays : Gascogne.

I

Ah ! cadédis !
Quel paradis !
Ce doux pays de ma jeunesse !
Ah ! cadédis !
Quel paradis !
Zéphir en chantant le caresse,
Et Phœbus, toujours radieux,
En tout temps lui fait les doux yeux
Flore y sème ses fleurs vermeilles,
Pomone y cultive les treilles,
Et de ce printemps éternel
L'habitant et l'heureux mortel...

Aussi beau qu'Apollon,
Prompt comme l'aquilon,
A la guerre un lion,
En amour papillon,
Voilà le vrai Gascon
Té, mon bon !

REPRISE EN CHŒUR

Aussi beau qu'Apollon.
Etc.

D'ARTAGNAN.

II

Ah ! cadédis !
Quel paradis !
C'est le vrai pays de Cocagne !
Ah ! cadédis !
Quel paradis !
En amour, à tout coup l'on gagne

Et chez nous je suis convaincu
Qu'il n'est pas un mari... déçu !
Car baronnes ou pastourelles
Toutes les femmes sont fidèles !
Et de cet Éden si tentant
L'heureux mortel et l'habitant...

Aussi beau qu'Apollon,
Prompt comme l'aquilon,
A la guerre un lion,
En amour, papillon,
Voilà le vrai Gascon
Té, mon bon !

REPRISE EN CHŒUR

Aussi beau qu'Apollon,
Etc.

TOUS

Vivat pour le Gascon !

Pendant ce temps, Athos, Porthos et Aramis sont descendus en scène et ont examiné d'Artagnan.

ATHOS

Trop de caquet, le Gascon !

PORTHOS

On lui rabattra ça !

Ils sortent au fond.

D'ARTAGNAN.

Mais je ne vois pas mon fidèle Planchet !.. Planchet ! Planchet !

PLANCHET, entrant sur un âne.

Me voilà, mon jeune maître ! C'est Grisonnet qui faisait des difficultés à la porte.

D'ARTAGNAN.

Tu es heureusement bon cavalier !

PLANCHET.

Heureusement ! Je l'ai arraché à la connaissance qu'il avait faite d'un superbe chardon, et nous voilà ! (Il descend, à l'hôte.) Soignez-moi bien Grisonnet, Monsieur l'hôt' Parce que, voyez-vous, cette bête-là, je l'aime...

D'ARTAGNAN.

Comme un frère !

PLANCHET.

De lait ! Oui, Monsieur ! J'ai eu une fluxion de poitrine et j'ai bu le lait de sa mère.

D'ARTAGNAN, très entouré.

Mais regardez ! Admirez ! C'est permis, la vue n'en coûte rien ! Et vous entendrez parler de d'Artagnan.

TOUS.

D'Artagnan !

L'HOTE.

Le seigneur d'Artagnan !

D'ARTAGNAN.

D'Artagnan, de père en fils, cadet de famille, qui s'en vient de son castel à Paris avec un cheval alezan, quinze écus et une lettre, pour faire fortune et escalader la gloire ! A vous, Planchet !

PLANCHET.

Planchet, également de père en fils l'intendant de Monsieur, son laquais, et... ajouterai-je son ami ?

D'ARTAGNAN.

Ajoutez son ami !

PLANCHET.

Et son ami ! (Il lui baise la main.) Venu sur un âne, sans lettre et sans écu. Renoncerait à la gloire, mais ferait fortune volontiers.

Rire général.

GRIMAUD.

Vous êtes philosophe, monsieur Planchet !

Il salue avec affectation.

PLANCHET.

Monsieur !

Salut.

MOUSQUETON.

Monsieur Planchet, je vous salue humblement !

Salut.

PLANCHET.

Monsieur !

Salut.

BAZIN.

Je bénis le ciel de votre connaissance. monsieur Planchet !

Salut.

PLANCHET.

Monsieur ! (Il salue.) Ils sont très accueillants dans ce pays-ci, très accueillants !

Ils remontent.

ATHOS, *rentrant, à ses amis.*

Une leçon de modestie, seulement !

ARAMIS.

C'est un service à rendre à son adolescence.

ATHOS riant.

Ah! ah! ah! ah! Non, vrai! on n'a pas idée de faire teindre un cheval en jaune!

D'ARTAGNAN, écoutant.

C'est de mon cheval que l'on rit si fort?

PORTHOS, riant.

Le poil n'en est pas commun!

ARAMIS.

Peut-être le cavalier est-il marié? Et son coursier porte-t-il ses couleurs?

D'ARTAGNAN.

Messieurs!

TOUS LES TROIS.

Monsieur!

D'ARTAGNAN, cherchant à se contenir.

Je suis le maître du cheval qui cause tant d'hilarité.

ARAMIS.

En ce cas, Monsieur, mes compliments pour la couleur de sa robe.

D'ARTAGNAN.

Il ne l'a pas choisie, Monsieur, et vous avez choisi, vous, un costume qui siérait mieux à la tournure d'un soldat qu'à votre mine d'abbé de cour!

ARAMIS, fâché.

Monsieur !...

PORTHOS, passant, à d'Artagnan.

Laissez donc !... Le cheval de Monsieur est jaune, parce que Monsieur le nourrit avec du safran !

D'ARTAGNAN.

Vous dites juste, Monsieur ! Votre grand appétit a renchéri le foin !

PORTHOS, fâché.

Monsieur !

ATHOS, passant.

Voyons, Messieurs, pas de querelle ! Laissons en repos Monsieur et son cheval. Ils ont fait une longue étape, et tous deux ont besoin d'une bonne litière !

D'ARTAGNAN.

Une litière ! (Tirant son épée.) Savez-vous, Monsieur, que je suis homme à vous coucher dessus ?

PLANCHET.

Bien tapé !

ATHOS, tirant son épée.

En vérité, Monsieur, je suis curieux de voir cela !

Ils ferraillent.

L'HOTE, les calmant.

Je vous en supplie, Messieurs, ne troublez pas la paix de ma Licorne !

PLANCHET.

Allons, bon ! un duel, déjà !

MOUSQUETON.

Si le cœur vous en disait aussi, monsieur Planchet?

PLANCHET.

Vous êtes bien bon! le cœur ne m'en dit pas du tout, et tant que vous n'aurez pas d'autres invitations à me proposer...

PORTHOS.

Eh! mais, il a une jolie garde, le petit Capédédious!

D'ARTAGNAN, atteignant Athos.

Vous êtes blessé?

ATHOS.

Égratigné seulement! Justice d'ailleurs à vos principes!... Vous tricotez adroitement de l'aiguille de madame votre grand'mère! Parez... Parez donc! (Il lui porte un coup.) Blessé, n'est-ce pas?

D'ARTAGNAN, baissant son épée.

Oui, sandious!...

CONSTANCE.

Ah!

PLANCHET, qui regardait anxieusement.

Mon pauvre maître! (Il remonte au fond et redescend vivement.) La garde! la garde!

PORTHOS.

Sacrebleu!... Bas les épées!

ARAMIS, entraînant Athos.

Viens! pas de folie!

D'ARTAGNAN.

Un moment! Je réclame ma revanche!

ATHOS.

Ce sera la belle, Monsieur, nous nous reverrons !

D'ARTAGNAN.

J'y compte bien !

Tout le monde se disperse.

PLANCHET.

Hein ! mon truc a réussi. Ça ne rate jamais !

BONACIEUX, *rêveur, regardant d'Artagnan.*

Une fine lame, et qui n'a pas froid aux yeux ! C'est une recrue à faire pour monseigneur le Cardinal.

Tout le monde s'est retiré, moins Planchet qui soigne d'Artagnan, Constance et Bonacieux.

SCÈNE VIII

BONACIEUX, CONSTANCE, D'ARTAGNAN, PLANCHET.

PLANCHET, *à d'Artagnan.*

Voilà ce que c'est de vous battre en duel pour votre cheval jaune... qui ne se battrait pas pour vous, lui !

CONSTANCE, à Bonacieux.

On ne peut pas laisser là ce pauvre jeune homme...

BONACIEUX.

Sans soins... J'y pensais! Et vous direz que je ne suis pas charitable! (Ils s'approchent de d'Artagnan.) Souffrez-vous beaucoup?

D'ARTAGNAN.

Pas mal, merci!... Vous êtes bien bon!

CONSTANCE.

Si nous pouvions vous soulager?

D'ARTAGNAN.

Votre compassion me touche fort... Mais la pire blessure...

PLANCHET.

C'est le bras!

D'ARTAGNAN.

Non! C'est l'amour-propre!

BONACIEUX.

Alors... ça se raccommode du même!

D'ARTAGNAN.

Oh! mais, comme je me vengerai avec plaisir!

BONACIEUX.

N'est-ce pas? Maudits mousquetaires!.. Chut! on vous aidera peut-être?

D'ARTAGNAN.

Ah bah!.. vous?

CONSTANCE, *à part.*

Où veut-il en venir?

D'ARTAGNAN.

Vous me promettez?

BONACIEUX.

Je vous promets la belle!

PLANCHET, *à part.*

Comment l'entend-il?

Cris au dehors.

Les mariés! les mariés!

BONACIEUX.

Et comme on m'attend... pour vous marquer tout mon intérêt, je vous laisse madame Bonacieux, ma femme.

CONSTANCE.

Vraiment, mon ami?

BONACIEUX.

Oui, chérie!.. Je permets! Soignez Monsieur... Pansez Monsieur!.. (*A part, sortant.*) C'est un homme à gagner!

Cris.

Les mariés! les mariés!

BONACIEUX.

Voilà, mes amis, voilà!

Il entre à droite.

D'ARTAGNAN.

Tant d'intérêt de la part d'un inconnu!

CONSTANCE.

Tant d'intérêt cache un piège... Mais peut-on parler devant votre valet ?

D'ARTAGNAN.

Devant Planchet ?.. C'est un homme sûr.

PLANCHET.

Le tombeau des secrets, Planchet !.. Nous écoutons !

D'ARTAGNAN.

Non ! pas toi !.. Je n'ai pas besoin de toi ! Va tout préparer pour notre départ !

PLANCHET.

Déjà ?.. nous partons déjà ?

D'ARTAGNAN.

Je veux être à Paris ce soir.

PLANCHET.

Diable !.. Et mon âne qui a le galop d'un dur !.. Si, du moins, Monsieur me prenait en croupe !

D'ARTAGNAN.

Tu es fou !..

PLANCHET.

Non ! je suis entamé !

Il sort.

SCÈNE IX

CONSTANCE, D'ARTAGNAN.

CONSTANCE, *à part.*

Jeune, franc et plein de courage... Je vois dans vos cartes, monsieur Bonacieux!.. Mais ce joli cavalier ne sera pas pour votre vilain nez!

D'ARTAGNAN.

Comment vous remercierai-je, Madame, du tendre intérêt?..

CONSTANCE.

Ne pensons encore qu'à vous, monsieur d'Artagnan... Vous êtes blessé?

D'ARTAGNAN.

Légèrement!

CONSTANCE, *lui regardant le bras.*

Vous avez du sang à votre manchette!.. Laissez-moi faire... je suis très adroite.

D'ARTAGNAN.

Adroite... autant que bonne!

CONSTANCE *tire son mouchoir de sa poche, le beigne dans un pichet d'eau et lui bonde sa blessure.*

Gardez ce mouchoir autour de votre poignet!

D'ARTAGNAN.

Autour de mon poignet... ce soir!.. Demain, il sera sur mon cœur.

CONSTANCE.

Vous êtes un enfant.

D'ARTAGNAN.

Parce que je n'ai pas de moustache... C'est vrai, je n'ai pas de moustache encore... Mais à part ça !...

CONSTANCE, l'arrangeant encore.

Mais tenez-vous donc tranquille!

D'ARTAGNAN.

Si vous croyez que c'est aisé, quand l'infirmier est une jeune et jolie infirmière !

CONSTANCE.

Des fadaises!

D'ARTAGNAN.

Il y a commencement à tout... Et si vous me permettez de vous exprimer... progressivement... toute ma gratitude, vous verrez, Madame... Madame?

CONSTANCE.

Bonacieux !

D'ARTAGNAN.

Je sais bien. Ce que je voulais savoir, c'est le petit nom.

CONSTANCE.

Constance !

D'ARTAGNAN.

Constance !.. Té, c'est ma devise !.. Mais vous me disiez ?..

CONSTANCE.

Que mon mari vous tend un piège.

D'ARTAGNAN.

Donnez-moi la main, pour que je n'y tombe pas.

CONSTANCE.

La main ?

D'ARTAGNAN.

Oui... comme un bon ange !... car j'ai besoin d'un bon ange, pour me conseiller... pour me guider... pour m'aimer... (Constance veut retirer sa main ; il la retient.) Angéliquement, s'entend... J'ai tant de malechance !

CONSTANCE.

Vraiment ?

D'ARTAGNAN.

Vraiment. A preuve ce duel avec un mousquetaire !

CONSTANCE.

Athos?

D'ARTAGNAN.

Le nom n'y fait rien ! mais un mousquetaire !... Moi qui rêvais d'entrer dans la Compagnie, moi qui avais une lettre de recommandation pour monsieur de Tréville.

CONSTANCE.

Le capitaine

D'ARTAGNAN.

Vous le connaissez ?

CONSTANCE.

Je connais sa femme... et comme elle s'occupe beaucoup de sa compagnie...

D'ARTAGNAN.

Ah bah!

CONSTANCE.

Elle monte à cheval, elle tire l'épée et le pistolet et elle a sur son mari cette influence... salutaire, que toute femme intelligente doit exercer dans son ménage!

D'ARTAGNAN.

Ah ! ah ! ah !.. Toute femme intelligente ! Pauvre papa Bonacieux !

CONSTANCE.

Vous le plaignez ?

D'ARTAGNAN.

Moi !.. je l'envie, et je voudrais bien être à sa place!

CONSTANCE.

Qu'y gagneriez-vous, mon pauvre d'Artagnan ?

D'ARTAGNAN.

Ceci, d'abord.

Il l'embrasse.

CONSTANCE.

Ah ! vous n'êtes pas sérieux !

D'ARTAGNAN.

Je le deviendrai !.. Mais pardonnez-moi... Ce n'est pas de ma faute... Plus je vous vois, plus je vous entends, et plus je sens grandir le sentiment étrange qui s'empare de moi! Vous êtes si jolie, et si bonne, et si douce, que je ne puis résister à la tentation de vous dire ce que j'ai là, dans le cœur!

CONSTANCE.

Gardez-vous-en bien... et si vous voulez que je sois votre bon ange, retenez déjà mon premier conseil : Pour être heureux, n'aimez pas... ni moi, ni tout autre!

D'ARTAGNAN.

Ne pas aimer ?.. C'est vous, avec vos jolis yeux, votre doux sourire et le charme de vos vingt ans, c'est vous qui dites de ne pas aimer ?.. Ne pas aimer !..

COUPLETS ET FINAL

I

Que le soleil éteigne ses rayons,
Que l'aigle altier rampe dans les sillons,
Je pourrai croire
A cette histoire!
Que le serpent s'envole au sein des airs,
Et que l'agneau soit le roi des déserts,
Triste ou risible,
Fable ou romans,
Tout est possible!
Mais à vingt ans,
Et quand l'amour seul peut charmer
Les cœurs qu'il lie,
Ne pas aimer
Serait folie!

II

Aimons! aimons! Le Dieu qui fit le jour
Pour la jeunesse aussi créa l'amour!
Bouche qui m'aime
Ment ou blasphème!
Car c'est la loi de la joie et des pleurs,
Cœur sans amour n'est qu'un printemps sans fleurs!
Rêve qui passe,
L'aile du temps
Trop tôt l'efface!
Mais à vingt ans.
Et quand l'amour seul peut charmer
Les cœurs qu'il lie,
Ne pas aimer
Serait folie!
Constance!

CONSTANCE.

D'Artagnan!

D'ARTAGNAN.

Vous regarder, vous si jolie.
Sans vous aimer serait folie!

CONSTANCE.

D'Artagnan! Être votre bon ange,
Tel est le seul espoir qui me sera permis!
Pour vous, pour moi, soyons amis!
Un serment me lie!

D'ARTAGNAN.

Ne pas aimer serait folie!

CONSTANCE.

Pas de folie!

SCÈNE X

LES MÊMES, BONACIEUX, GENS DE LA NOCE ET DE L'AUBERGE, puis PLANCHET, puis au fond LES MOUSQUETAIRES défilant sur la route.

BONACIEUX et les gens de la noce.

Eh bien! la mariée?

S'approchant.

On boit!-on rit! on mange!
Et votre couvert seul par vous est déserté!

CONSTANCE.

Vous m'aviez permis?..

BONACIEUX.

Oui, ma chère,
J'ai le cœur plein de charité!

A d'Artagnan.

Et la blessure?

D'ARTAGNAN.

Elle est légère.

BONACIEUX.

Tant mieux! Venez!

D'ARTAGNAN, à Constance.

Comment?

BONACIEUX, à Constance.

L'as-tu pas invité?

A d'Artagnan.

Je vous invite et veux qu'on vous console.

D'ARTAGNAN, à part.

Le mari ! c'est original !

BONACIEUX, à part.

Et voilà comment je raccole
Des hommes pour le Cardinal !

PLANCHET, entrant du fond.

En selle, hélas ! en selle !
Le cheval de Monsieur et mon âne sont prêts !

BONACIEUX.

Monsieur dîne avec nous !

PLANCHET.

O joyeuse nouvelle !
Dînons donc ! Nous aurons meilleur courage après !

CONSTANCE, à d'Artagnan.

Vous pouvez accepter, mais redoutez le piège !

D'ARTAGNAN, à Constance.

Pour m'en garder, vous serez là toujours !

Marche des mousquetaires au dehors.

Mais qu'est ceci ?

BONACIEUX.

C'est le cortège
Des mousquetaires !

D'ARTAGNAN, électrisé.

Ah ! ces clairons, ces tambours !

LES GENS DE LA NOCE.

Aux mariés ! à leurs amours !
Buvons, chantons au son des tambours !

BONACIEUX, *faisant passer Constance.*

Venez !

A d'Artagnan.

Venez !

PLANCHET, *lui prenant le bras.*

Allons ! sa blessure m'altère !

D'ARTAGNAN, *rêveur, devant le défilé des mousquetaires qui commence.*

Mousquetaire !... Ah ! bon gré, mal gré !
Je veux l'être et le serai !

CONSTANCE, *sur l'escalier, rêveuse.*

Ne plus aimer !

D'ARTAGNAN.

Un mousquetaire !

CONSTANCE.

Ne plus aimer !

D'ARTAGNAN.

Un mousquetaire !

TOUS.

Vivent les mariés !

ACTE DEUXIÈME

PREMIER TABLEAU

La salle des gardes à Fontainebleau, chez Monsieur de Tréville. Portes 1er plan latérales. Large porte au fond. A droite, une table. A gauche, 1er plan, un grand fauteuil et un métier à tapisserie. Aux murs, des panoplies. Fenêtre 2e plan à droite.

SCÈNE PREMIÈRE

TRÉVILLE, ARMIDE, MORTADELLI

Tréville fait de la tapisserie au métier. Armide fait des armes avec Mortadelli un grand prévôt italien.

ARMIDE.

Une, deux, coupé, dégagé... touché!

MORTADELLI.

Si! toussé...

ARMIDE.

Et je ne vous prends pas en traître, Mortadelli ! j'annonce les coups!

MORTADELLI.

Certes !... Mais Madame est d'une vitesse !

ARMIDE.

Reprenons !

TRÉVILLE, *cherchant dans une corbeille pleine de pelotons de laine.*

Je ne trouve pas ma laine citron.

ARMIDE.

Vous êtes mou, Mortadelli, vous êtes mou !

Elle lui allonge un coup, l'épée saute.

TRÉVILLE.

Vous avez cassé quelque chose?

ARMIDE.

Non !

MORTADELLI.

Madame a un poignet ! Je suis sur les dents !

ARMIDE.

Tant mieux ! c'est la santé !

TRÉVILLE.

Sans complaisance, Mortadelli, trouvez-vous que madame de Tréville soit en progrès ?

MORTADELLI.

Les progrès sont surprenants... vigueur, sûreté, souplesse..

TRÉVILLE.

Souplesse !... Ah ! douce amie, si votre caractère...

ARMIDE.

Qu'est-ce à dire?

TRÉVILLE.

Rien.

ARMIDE.

Vous avez insinué?...

TRÉVILLE.

Je retire.

ARMIDE.

Répétez!

TRÉVILLE.

Jamais.

ARMIDE.

Répétez donc!

TRÉVILLE.

Renvoyez au moins Mortadelli... et attendons d'être seuls pour nous quereller.

ARMIDE.

Soit!... Mortadelli!

MORTADELLI.

Madame!

ARMIDE.

Rompez!

Mortadelli salue et sort.

SCÈNE II

ARMIDE, TRÉVILLE, puis PORTHOS

ARMIDE.

A nous deux!

TRÉVILLE.

Tu n'as pas vu ma laine citron?

ARMIDE.

Non!

TRÉVILLE.

C'est pour ma corbeille de fruits... Je ne peux pas mettre la main sur le citron!

ARMIDE.

Il ne s'agit pas de votre corbeille! Qu'est-ce que vous avez dit tout à l'heure?

TRÉVILLE.

Je ne m'en souviens pas.

ARMIDE.

Ah! ah! Vous cédez?

TRÉVILLE.

Moi! jamais! Ma devise est connue: « Point ne cède, fors à Dieu! »

ARMIDE.

Ajoutez: « Et à ma femme! »

TRÉVILLE.

Je ne peux pas! C'est trop long! Le premier mérite d'une devise, c'est la concision: « Point ne cède, fors à Dieu! »

ARMIDE.

Et... à... ma... femme!

TRÉVILLE.

Jamais!

ARMIDE.

Ventre-Saint-Gris!

Elle lève la main sur

TRÉVILLE.

Aïe!

PORTHOS, entrant du fond.

Vous avez appelé, capitaine?

TRÉVILLE.

Non!

ARMIDE.

Non!

TRÉVILLE, bas à Armide.

Comment voulez-vous que ma compagnie me respecte? Je suis sûr que ce mousquetaire vous a vue.

ARMIDE.

Il est facile de s'en assurer... Avez-vous vu, Monsieur, le geste que j'ai... esquissé?

PORTHOS.

Non, Madame!

ARMIDE.

Retirez-vous! C'est bien!

Porthos sort.

TRÉVILLE.

C'est bien? Ah! vous trouvez que c'est bien?

ARMIDE.

Puisqu'il n'a pas vu!

TRÉVILLE.

Mais vous lui avez fait comprendre...

ARMIDE.

C'est vrai... une distraction!

TRÉVILLE.

En attendant, mon prestige s'émiette.

ARMIDE.

A qui la première faute?

TRÉVILLE.

A toi, qui me manques de déférence.

ARMIDE.

Eh! quelle déférence voulez-vous que j'aie encore

pour un invalide, qui passe ses journées à faire de la tapisserie?

TRÉVILLE.

Tu te trompes, douce amie... j'y passe aussi mes soirées! Il n'y a que mes nuits...

ARMIDE.

Parlons-en de vos nuits!.. Vous n'êtes pas un homme... vous êtes une souche!

TRÉVILLE.

Madame! je vous défends!..

ARMIDE.

Quoi?

TRÉVILLE.

Rien!

ARMIDE.

Je veux savoir ce que vous me défendez!

TRÉVILLE.

Puisque je cède.

ARMIDE.

Trop tard!

TRÉVILLE.

Armide!

ARMIDE.

Expliquez-vous!

TRÉVILLE.

Jamais!

ARMIDE.

Ventre-Saint-Gris!

Nouvelle menace. Tréville pousse un cri.

PORTHOS, entrant.

Vous avez appelé, capitaine?

TRÉVILLE.

Allons, bon! il vous aura vue encore.

ARMIDE.

Non!.. N'est-ce pas, Monsieur, que vous n'avez pas vu le mouvement?

Elle fait le geste.

PORTHOS.

Le mouvement? . Non, Madame.

ARMIDE.

C'est bien!.. Retirez-vous! (Porthos sort.) Au reste, Monsieur, je suis lasse de vos révoltes continuelles, et pour vous apprendre, c'est vous qui vous occuperez désormais des affaires de votre compagnie!

Elle va pour faire sa tapisserie.

TRÉVILLE, effaré.

Ah! non! pas ça, Armide, pas ça!

ARMIDE.

Ah! ah! ah! ah! je vous tiens!

TRÉVILLE.

Oui, tu me tiens... Je m'humilie... J'aime mieux m'humilier... Reste la capitaine... Les affaires de ma compagnie, c'était bon autrefois, quand j'avais trente ans... et toute la vigueur de la maturité! . mais aujourd'hui...

ARMIDE.

Si vous croyez m'apprendre que je n'ai épousé qu'une ruine! (Porthos entre de droite.) Qu'est-ce que c'est?

PORTHOS.

Madame Bonacieux demande à présenter ses hommages à madame de Tréville.

ARMIDE.

Constance!.. qu'elle vienne, cette chère Constance!.. Mais j'y songe, peut-être a-t-elle à me parler en secret? Capitaine!

TRÉVILLE.

Douce amie?

ARMIDE.

Rompez!

TRÉVILLE.

Compris!.. Je suis de trop!.. Souffrez seulement que j'emporte mon métier... Et désormais rappelez-vous ma devise: « Point ne cède...

ARMIDE.

» Fors à ma femme! »

TRÉVILLE.

Si vous voulez!.. Ne la provoquons pas devant mes inférieurs!

Il sort à gauche. — Porthos fait entrer Constance du fond et se retire.

SCÈNE III

CONSTANCE, ARMIDE

ARMIDE.

Toi, déjà, ma chère Constance !

CONSTANCE.

Oui, Madame. J'ai repris mon service au palais.

ARMIDE.

Dès le lendemain de ta noce?

CONSTANCE.

Le soir même.

ARMIDE.

Le soir même?.. Eh! quoi?.. Monsieur Bonacieux?

CONSTANCE.

Monsieur Bonacieux m'a conduite jusqu'à la porte des appartements de la Reine.

ARMIDE.

Et il s'est retiré... bénévolement?

CONSTANCE.

Bénévolement ou non, il a bien fallu.

ARMIDE.

Ah! ma pauvre Constance!... ~~ma pauvre Constance!~~

CONSTANCE.

Ne me plaignez pas, Madame, ma vie est à la reine... Elle en a disposé.

ARMIDE.

Et ton dévouement ne lui sera pas inutile! Bonacieux étant l'un des pires suppôts du Cardinal, ton parrain monsieur de Laporte a pensé que le plus sûr moyen de dérouter son espionnage était de lui accorder ta main...

CONSTANCE.

Et je ne aillirai pas à ma mission, Madame.

ARMIDE.

Pour moi, mon enfant, si je puis jamais te marquer ma reconnaissance...

CONSTANCE.

Eh! bien, Madame, vous le pouvez dès maintenant.

ARMIDE.

Comment cela?... dis vite!

CONSTANCE.

J'ai promis votre protection à un jeune homme...

ARMIDE.

Un jeune homme, déjà?... Et d'où le connais-tu, ce jeune homme?

CONSTANCE.

Je l'ai vu hier pour la première fois.

ARMIDE.

Non!... Mais c'est délicieux!... Un roman tout de suite... Vingt-quatre heures de mariage... et d'un mariage... inachevé!... O jeunesse! Étonnante jeunesse!

ODE

O jeunesse!
O candeur! ô naïveté!
O printemps! ô force! ô faiblesse!
Je te salue, ô majesté!
O jeunesse! ô jeunesse!
Non! c'est charmant et, sur mon âme,
A qui désormais se fier?
D'un autre à peine es-tu la femme
Et ton cœur, prompt à s'éveiller,
Rêve déjà d'un jeune cavalier!
O jeunesse!
Suis-le donc, ce sentier fleuri
Où tout respire la tendresse!
Il est si doux de tromper son mari!
O jeunesse!
O candeur! ô naïveté,
Etc.

CONSTANCE.

Oh! mais je ne songe pas à tromper mon mari, Madame! Je me suis bien juré de ne plus revoir ce jeune homme... et aussitôt que vous m'aurez permis de vous le présenter...

ARMIDE.

Aussitôt que tu voudras... Où est-il?

CONSTANCE.

Il est là, qui attend votre bon plaisir.

ARMIDE.

Tu avais prévu que je dirais oui tout de suite!

CONSTANCE, à la porte de droite.

Je l'espérais.

ARMIDE.

Fais-le venir.

CONSTANCE.

Venez, monsieur d'Artagnan.

SCÈNE IV

ARMIDE, CONSTANCE, D'ARTAGNAN entre très timide, puis TRÉVILLE

TERZETTO

CONSTANCE.

Vous voici dans la place,
Il faut payer d'audace

ARMIDE.

Approchez, jeune homme, et venez,
Venez ça qu'on vous examine!

CONSTANCE.

Venez,

ARMIDE.

Bon air et gente mine.
Il est, ma foi, des mieux tournés!
Votre nom!

CONSTANCE.

D'Artagnan.

ARMIDE.

Votre âge?

CONSTANCE.

Dix-huit ans.

ARMIDE.

Vous venez, je croi?

CONSTANCE.

De Gascogne!

ARMIDE.

Eh! pardieu! tais-toi!
Grâce à ton damné bavardage,
Je n'ai pas, une seule fois,
Entendu le son de sa voix!
Parlez!

CONSTANCE.

Parlez!

D'ARTAGNAN.

Je n'ose!

ARMIDE.

Il n'ose!

CONSTANCE.

Il n'ose!
Voyez donc comme il se défend,
Le nigaud!

ARMIDE.

Non! c'est un enfant!
A qui mon grand air en impose!
Il est jeunet!

CONSTANCE.

Ah! le benêt!

D'ARTAGNAN.

Ah! je suis trop timide!

ARMIDE.

Il est bien pris!

CONSTANCE.

Le mal appris!

D'ARTAGNAN.

Je leur parais stupide!

ARMIDE.

Mais quel émoi!

CONSTANCE.

Quel désarroi!

D'ARTAGNAN.

Quel trouble et quel martyre

ARMIDE.

Répondez-moi !

CONSTANCE.

Restez-vous coi ?

D'ARTAGNAN.

Je ne saurais que dire !

ENSEMBLE.

ARMIDE.

Il faut en rire !
Il a peur,
Quel malheur !
Il ne peut rien trouver à dire
Pauvre enfant,
C'est navrant,
Mais il vaut mieux en rire
C'est navrant !

CONSTANCE.

Il faut en rire !
Il a peur,
Quel malheur !
Il ne peut rien trouver à dire !
Grand enfant,
C'est navrant,
Mais il vaut mieux en rire
C'est navrant !

D'ARTAGNAN.

J'ai grand'peur,
Quel malheur !
Je ne sais que dire,

C est vraiment
Trop enfant!
Que de moi l'on doit rire!
C'est navrant!

CONSTANCE.

Vrai Dieu! Ce n'est pas sans raison
Que son pays est de ceux qu'on renomme
Vous n'êtes pas un homme,
Vous n'ètes qu'un gascon!

D'ARTAGNAN, fièrement.

Un Gascon! il se peut, j'accepte la leçon!

I

Oui, j'ai bu l'eau de la Garonne.
Sous notre beau ciel attiédi,
Et je sais bien qu'on nous chansonne,
Nous, les enfants du gai Midi!
Mais cette source où ma lèvre trempée
Puisait l'honneur de mes aïeux,
Nous fait hardis contre une épée,
Et tremblants devant deux beaux yeux

II

Combats ou duels, à la bonne heure!
Je serais moins déconcerté,
Mais je vous vois et je demeure
Muet devant votre beauté!
A mon aspect ne soyez pas trompée,
Et par pitié jugez-moi mieux,
Je suis hardi contre l'epée,
Mais tremblant devant vos beaux yeux!

ARMIDE.

Il a dit : deux beaux yeux! Cela vaut un salaire!

CONSTANCE.

Mais comme adroitement il conquiert son pardon!

ARMIDE.

Et vous n'avez plus peur?

D'ARTAGNAN.

Si vraiment.

ARMIDE.

De quoi donc?

D'ARTAGNAN.

J'ai peur encor de vous déplaire!

ARMIDE.

Il est gentil!

CONSTANCE.

Et quel babil!

D'ARTAGNAN.

Je ne suis plus timide !

ARMIDE.

Il est charmant!

CONSTANCE.

Brave et galant!

D'ARTAGNAN.

Je deviens intrépide!

ARMIDE.

Il me plaît fort.

CONSTANCE.

Avais-je tort ?

D'ARTAGNAN.

Enfin, j'ai su que dire.

ARMIDE.

Mon compliment !

CONSTANCE.

Il est charmant !

D'ARTAGNAN.

Je ne les vois plus rire.

ENSEMBLE

CONSTANCE.

Il sait que dire !
Plus de peur,
Quel bonheur !
Maintenant, nous ne devons plus rire !
C'est charmant,
Maintenant, nous ne devons plus rire
C'est charmant !

ARMIDE.

Il sait que dire !
Plus de peur,
Quel bonheur !
Maintenant, nous ne devons plus rire.
C'est charmant,
Maintenant, nous ne devons plus rire,
C'est charmant !

D'ARTAGNAN.

Quel bonheur !
J'ai su que leur dire,
C'est charmant !

ARMIDE.

Ventre-Saint-Gris!.. Je me déclare conquise comme toi. Et si monsieur d'Artagnan ne désire que d'être présenté à monsieur de Tréville...

D'ARTAGNAN.

Ah ! madame, c'est une faveur que je paierais de tout mon sang !

ARMIDE.

Elle vous coûtera moins cher que cela, rassurez-vous ! Voici mon mari, justement.

TRÉVILLE, entrant de gauche.

Je vous dérange, douce amie ?

ARMIDE.

Au contraire! J'ai à vous parler.

TRÉVILLE.

Comme ça se trouve ! Moi aussi!... C'est le courrier... (Il lui remet plusieurs lettres.) Et le rapport !... Et moi, tu sais, je n'aime pas à m'occuper de ces choses-là. Mais que voulais-tu me dire ?

ARMIDE.

Nous y reviendrons ! Le service militaire d'abord! Vous, d'Artagnan, ne vous éloignez pas!

D'Artagnan et Constance sortent à droite.

SCÈNE V

ARMIDE, TRÉVILLE, puis ATHOS, PORTHOS, ARAMIS, MOUSQUETAIRES, puis D'ARTAGNAN.

TRÉVILLE.

Dois-je faire entrer nos mousquetaires?

ARMIDE.

Faites! Je dépouille rapidement notre courrier.

TRÉVILLE, *au fond.*

Messieurs!

La porte s'ouvre

LES MOUSQUETAIRES, *entrant.*

Tous présents à l'heure précise,
Prêts à l'assaut, prêts au tournoi,
Nous portons haut notre devise :
Tout pour sa dame et pour le roi!

ARMIDE.

Vous permettez, Messieurs, que nous achevions de lire?

Elle décachète les lettres.

TRÉVILLE.

J'ai achevé, moi! J'ai tout lu!

ARMIDE.

Monsieur de Tréville a tout lu. (Bas.) Vous ne direz plus que j'émiette votre prestige! (Elle lit.) Ah! ah! ah! On n'a donc plus de nouvelles de monsieur de Nangis?... Personne ne répond?...

TRÉVILLE.

Comment? Comment! Nangis a disparu?

ARMIDE.

Enlevé par l'ambassadrice de Palerme.

TRÉVILLE.

Enlevé? Eh bien, elle est bonne!

ARMIDE.

Vous la trouvez bonne!... Ces Siciliennes vous enlèvent vos mousquetaires et vous vous esclaffez de rire!...

TRÉVILLE.

Mais, douce amie...

ARMIDE.

Taisez-vous!... C'est le septième mousquetaire qui se laisse enlever depuis le premier du mois!... et si je n'étais pas là pour en retenir quelques-uns, je crois, Dieu me pardonne, qu'avant la Saint-Sylvestre, il n'en resterait plus dans la compagnie.

TRÉVILLE.

Par bonheur, vous les retenez.

ARMIDE.

Je fais tout ce que je peux? (Elle lit). Ah! des vers!..

TRÉVILLE.

Des vers qu'on vous adresse?

ARMIDE.

Je ne pense pas que ce soit pour vous!

Elle lit.

« Quand vous passez, belle et hautaine
» Chacun de nous pense tout bas :
» D'une pareille capitaine
» Ah! quel plaisir d'être soldat! »

Très joli!

TRÉVILLE.

Charmant!... « Mironton, mironton, mirontaine! »

ARMIDE.

Il n'y a pas de mironton, mirontaine!

TRÉVILLE.

Tant pis! Ça manque!

ARMIDE.

Prétendez-vous critiquer cette poésie?

TRÉVILLE.

Moi! Jamais! Je dis seulement qu'il ne faudrait peut-être pas prendre tout cela pour argent comptant.

ARMIDE.

Vous croyez?

TRÉVILLE.

Tiens!... Mais moi aussi, quand j'avais vingt ans, envoyais des sonnets à la femme de mon capitaine.

ARMIDE.

Des sonnets?

TRÉVILLE.

En prose! ça ne rimait pas... mais c'était passionné.

ARMIDE.

Ventre-saint-gris! (Elle lève la main.)

TRÉVILLE.

Aie!

LES MOUSQUETAIRES.

Madame a appelé?

ARMIDE.

Non.

TRÉVILLE.

Armide!... Il y a du monde!

D'Artagnan, entrant du fond, reparaît.

ARMIDE.

Soit, reprenons! (Elle lit.) Ah! ah! ah! J'en apprends de belles! Savez-vous, Messieurs, ce que me mande Sa Majesté? Il paraîtrait qu'hier, à Meung...

ATHOS à part.

Aïe! aïe!

ARMIDE.

A l'hôtellerie de *la Double Licorne*...

D'ARTAGNAN, à part.

Capédédious! C'est mon affaire!

ARMIDE.

L'un de vous s'est pris de querelle avec un jeune cavalier.

TRÉVILLE.

Un duel!... Encore un duel!... malgré la sévérité de mes instructions... et quand j'ai donné ma parole d'honneur au roi... (Il a forcé la voix et est pris d'une quinte de toux.) Allons, bon! Je me suis emballé!

ARMIDE.

Il ne faut pas! Ça n'est plus de votre âge!... Puisque je suis là pour maintenir la discipline!

TRÉVILLE.

Maintenez-la, douce amie... Où sont mes pastilles? (Il en prend une.)

ARMIDE.

Le coupable!... que le coupable se dénonce! Rien?

PORTHOS, bas, à Athos.

Ne bouge pas!

ARMIDE.

C'est donc qu'il s'est fait battre honteusement?

ATHOS, s'avançant.

Battre un mousquetaire, capitaine? Ça ne s'est pas encore vu!

ARMIDE.

Monsieur Athos!... je pensais bien que le coupable se trahirait! (Bonhomme.) Ainsi, vous avez blessé votre adversaire? Eh! eh! un coup droit? Un froissement? Un dégagé? Eh! eh!

TRÉVILLE.

Armide!... l'escrime vous passionne... et vous êtes d'une faiblesse!...

ARMIDE.

Monsieur de Tréville a raison, Monsieur !.. Je suis faible... Et quand je devrais sévir... Car cet enfant que vous avez blessé...

D'ARTAGNAN, s'avançant.

Cet enfant est un homme, et il attend sa revanche.

ARMIDE.

Vous!.. C'était vous?

TRÉVILLE.

Mais d'où sort cet intrus?

ARMIDE.

Monsieur d'Artagnan est ici par mon ordre et sous ma protection!.. Mais vous ne m'aviez pas dit que vous vous fussiez mesuré avec l'un de mes meilleurs mousquetaires!

D'ARTAGNAN.

Je craignais votre ressentiment.

ARMIDE.

Par exemple!.. C'était, au contraire, un brevet de témérité!

ATHOS.

Et je rends hommage à la bravoure de mon adversaire.

ARMIDE.

Bien, monsieur Athos! Cet hommage vous rendra votre grâce!

TRÉVILLE.

Vous êtes faible, Armide!

ARMIDE.

Avec les hommes, toujours! (A d'Artagnan.) Mes compliments, d'ailleurs! Vous êtes en bonne route.

D'ARTAGNAN.

Vraiment! et je puis aspirer à la gloire de servir dans la compagnie de monsieur de Tréville?

TRÉVILLE.

Dans ma compagnie! Peste! vous avez de l'ambition, jeune homme! Mais pour conquérir la casaque de mousquetaire, il faut... (Il tousse.) Continuez, Armide! je reprends une pastille!

ARMIDE.

Pour être mousquetaire, il faut avoir fait campagne à l'ennemi ou s'être illustré par une action d'éclat.

D'ARTAGNAN.

Eh bien! Madame, je ne tarderai pas à être mousquetaire.

ARMIDE.

Bien! J'aime cette noble confiance. (Aux mousquetaires.) L'audience est terminée, Messieurs... Vous pouvez vous retirer.

Les mousquetaires saluent.

TRÉVILLE, à part.

Ouf! je vais pouvoir chercher ma laine citron.

Il sort à gauche.

ARMIDE, à d'Artagnan.

Vous, jeune homme, restez!

Les mousquetaires sortent sur le chœur d'entrée. Les portes se referment.

SCÈNE VI

D'ARTAGNAN, ARMIDE, puis CONSTANCE.

ARMIDE.

Nous sommes seuls!.. Vous allez me montrer le coup!

D'ARTAGNAN.

Moi, Madame?

ARMIDE, détachant deux épées de la panoplie.

Celui qui vous a blessé... Vous tirez bien... Je suis folle d'escrime.

D'ARTAGNAN.

Mais, en vérité, Madame, je n'oserais...

ARMIDE.

Osez donc!.. et plastronnez-moi... si vous pouvez!..

Elle lui tend une épée et se met en garde.

CONSTANCE, entrant vivement de droite.

Ah! Madame! Madame!

ARMIDE, tout en ferraillant.

Qu'arrive-t-il?

CONSTANCE.

Ah! si vous saviez!.. Les échevins de Paris donnent un bal à l'hôtel de ville... et le roi, conseillé sans doute par cet affreux Cardinal, exige que la reine y assiste, parée de ses ferrets de diamants!

ARMIDE.

Eh bien?

Elle remet son épée à d'Artagnan, qui remonte un peu et écoute.

CONSTANCE.

Eh bien! ces ferrets, Sa Majesté ne les a plus. Elle a eu la faiblesse de les remettre à milord duc de Buckingham.

ARMIDE.

Encore une femme faible!

CONSTANCE.

Et ces ferrets sont à Londres, présentement.

ARMIDE.

Mais quand aura lieu ce bal maudit?

CONSTANCE.

Dans douze jours.

ARMIDE.

Déjà?

CONSTANCE.

Monsieur de Richelieu soupçonne sans doute la vérité.

ARMIDE.

Évidemment! Il y a de sa main là-dessous! Que faire?

CONSTANCE.

Tout pour sauver madame la reine!

ARMIDE.

Mais encore... tout quoi?

CONSTANCE.

Ce que je lui ai promis d'abord : « Confiez-moi, lui ai-je dit, une lettre pour milord-duc, et je vous jure que je trouverai un homme sûr qui vous rapportera vos ferrets au jour fixé. »

ARMIDE.

Et cette lettre?

CONSTANCE.

La voici.

ARMIDE.

Mais quel messager? Je ne vois que mes mousquetaires!..

CONSTANCE.

Impossible!.. Épiés comme ils le sont par les agents du Cardinal, leurs pas, leurs démarches, leurs absences sont suspects!

ARMIDE.

C'est vrai!.. Mais à qui se confier?

D'ARTAGNAN, *s'avançant.*

A moi!

CONSTANCE.

J'y comptais bien!

ARMIDE.

Vous jureriez?..

D'ARTAGNAN.

Je jure de garder ce secret dont le hasard m'a fait le dépositaire... je jure de porter cette lettre à Londres... je jure de revenir à l'heure fixée pour le retour!

ARMIDE.

Ah! mon ami! que Dieu vous accompagne!... (*Elle l'embrasse.*) Moi, je cours dire à Sa Majesté que son message est entre bonnes mains!

Elle sort au fond.

Page 81

SCÈNE VII

D'ARTAGNAN. CONSTANCE, puis PLANCHET.

D'ARTAGNAN.

Madame de Tréville m'a embrassé!

CONSTANCE.

Eh bien ! vous en voilà tout fier!

D'ARTAGNAN.

Au contraire! Ça m'a montré que vous auriez pu m'embrasser aussi!

CONSTANCE.

Moi?

D'ARTAGNAN.

Et pourquoi non?.. Au moment de se quitter pour de longs jours, et quand on a de l'amitié l'un pour l'autre...

CONSTANCE.

Quand on a de l'amitié... Mais...

D'ARTAGNAN.

Mais?

DUETTO ET ROMANCE

D'ARTAGNAN.

Un seul mot : je ferai vaillamment mon devoir!

CONSTANCE.

I

Allez et que dans le danger
Dieu vous protège !
Que sa bonté fasse cortège
Au messager !
Je ne puis vous cacher ma peine
Ni mon émoi :
Mais, Monsieur, ce n'est pas pour moi,
C'est pour la reine !

D'ARTAGNAN.

Un baiser, maintenant, et je pars plein d'espoir !

CONSTANCE.

II

Eh ! quoi, mes aveux sont trop peu
Pour votre flamme ?
Et c'est un baiser qu'on réclame
En cet adieu ?
Toute défense serait vaine,
Je le prévoi !
Mais, Monsieur, ce n'est pas pour moi,
C'est pour la reine !

Elle l'embrasse.

D'ARTAGNAN.

C'est pour la reine,
Embrassez-moi.

CONSTANCE.

Assez, Monsieur, songeons au roi !

D'ARTAGNAN.

Le roi!
Tant pis pour le roi,
Embrassez-moi,
N'en prenez point de peine!
N'est-ce pas pour la reine?

CONSTANCE.

Tant pis pour le roi,
Non, plus d'émoi,
Est-ce bien pour la reine?

D'ARTAGNAN.

Embrassez-moi.

CONSTANCE.

Tant pis pour le roi,
Car c'est pour la reine!
Mais assez, je vous en conjure,
Et, par pitié, laissez-moi fuir.
Il serait cruel, je vous jure,
De me forcer à me trahir!

D'ARTAGNAN.

Eh! quoi, ce trouble et ces alarmes?...
Constance, rêvé-je, grand Dieu!...
Serait-ce pour moi ces larmes?
Et ce chagrin serait-il un aveu?

CONSTANCE.

Un aveu! Tant pis pour le roi!...

D'ARTAGNAN.

Embrassez-moi!

CONSTANCE.

Si cet aveu m'enchaîne,
La faute est pour la reine!...

D'ARTAGNAN.

Embrassez-moi,
C'est pour la reine!
Etc.

D'ARTAGNAN.

Ah ! pour la reine ou pour vous, peu m'importe! Vous m'avez embrassé... Je me sens invincible. Au revoir, Constance!

CONSTANCE.

Au revoir!

PLANCHET, entrant de droite en pleurant.

C'est moi, Monsieur, c'est moi !

D'ARTAGNAN.

Ah! un détail bien vulgaire, mon pauvre cheval jaune est fourbu... et Planchet, que j'emmène, a vendu son âne... N'est-ce pas, Planchet, que tu as vendu?...

PLANCHET.

Mon pauvre Grisonnet!... (Il pleure.) Hi! hi! hi!... Oui, Monsieur... Et tenez, j'en pleure encore!...

D'ARTAGNAN.

Tu es une belle nature!

PLANCHET.

Ça n'est pas ça... mais ça me fend l'âme de penser que cette pauvre bête et moi nous ne nous verrons plus... Nous nous entendions si bien!... Mais voilà! nous avions trouvé un logis au troisième étage...

CONSTANCE.

Et Grisonnet ne pouvait pas monter?

PLANCHET.

Excusez, Madame... il aurait appris!... il est si intelligent... C'est le portier qui ne voulait pas d'animaux dans la maison!... Il n'est pas intelligent, lui; alors il a bien fallu se séparer.

CONSTANCE.

Madame de Tréville vous fera préparer les relais nécessaires.

PLANCHET.

Des relais?... Pourquoi faire des relais?

D'ARTAGNAN.

Apprête-toi, Planchet, nous partons.

PLANCHET.

Ah! mais!... c'est donc le mouvement perpétuel?

D'ARTAGNAN,

Silence, monsieur Planchet!... Suivez madame Bonacieux, et revenez m'avertir quand nos chevaux seront prêts!

PLANCHET.

Nos chevaux!... Après mon âne!... Enfin!... je monte en grade!

CONSTANCE.

Bon courage!

D'ARTAGNAN.

Merci!

Constance sort à droite suivie de Planchet

SCÈNE VIII

D'ARTAGNAN, puis ATHOS, PORTHOS, ARAMIS, puis PLANCHET.

D'ARTAGNAN.

Allons, allons, me voilà en bon chemin ! Sitôt arrivé, tout me sourit ! Constance d'abord et la fortune ensuite... Une mission de cette importance pour débuter... C'est jouer de bonheur !

Il se promène en fredonnant l'air de *Cadédis*.

ATHOS, entrant avec ses amis, du fond.

Pardieu, Messieurs, notre Gascon est de bonne humeur.

D'ARTAGNAN.

Mes trois mousquetaires... C'est eux qui seraient aloux de moi s'ils savaient... Mais motus !...

Il continue à marcher en fredonnant.

PORTHOS, à part.

Monsieur fredonne ?... Aurait-il l'intention de se moquer de nous ?

ARAMIS, bas.

Tâchons de découvrir la cause de ces airs triomphants ! (Haut.) Monsieur !

Il le salue.

D'ARTAGNAN, saluant.

Messieurs !

ATHOS.

Nous sommes charmés de vous trouver si guilleret, car en vérité...

ACTE DEUXIÈME

QUARTETTO.

I

ATHOS.

Vous avez l'air fort réjoui !

D'ARTAGNAN.

Oui !

ARAMIS.

Nous en direz-vous la raison?

D'ARTAGNAN.

Non !

PORTHOS.

Vous pensez que trop parler nuit?

D'ARTAGNAN.

Oui !

TOUS LES TROIS.

Ce n'est déjà pas si gascon !

D'ARTAGNAN.

Non!

ENSEMBLE.

Oui, non,
Oui, non.

D'ARTAGNAN.

Il faut avec eux, par prudence,
Garder un silence obstiné,
Et qu'ils perdent leur éloquence
A me tirer les vers du né!

LES MOUSQUETAIRES.

Il est, pardieu! plein de prudence,

Et dans son silence obstiné,
Et nous perdons notre éloquence
A lui tirer les vers du né.

II

ATHOS.

C'est donc qu'un espoir vous a lui ?

D'ARTAGNAN.

Oui !

ARAMIS.

En avons-nous quelque soupçon ?

D'ARTAGNAN.

Non !

PORTHOS.

Vous redoutez d'être trahi ?

D'ARTAGNAN.

Oui !

TOUS LES TROIS.

Ça n'est déjà pas si gascon !

D'ARTAGNAN

Non !

REPRISE DE L'ENSEMBLE

Il faut avec eux, par prudence,
Etc...

ARAMIS, à ses amis.

Ah ! baste ! quelque amourette dont il ne veut pas nommer l'héroïne !

PLANCHET, entrant de droite.

Monsieur, nous avons deux chevaux qui piaffent à notre intention.

D'ARTAGNAN.

Enfin!.. Messieurs... (Il salue.) Et nous, en route, Planchet.

PLANCHET.

A cheval! Monsieur, à cheval!

Ils sortent à droite.

SCÈNE IX

ATHOS, PORTHOS, ARAMIS, puis BONACIEUX.

ATHOS.

A cheval, donc!

ARAMIS.

Nous aussi?

PORTHOS.

J'y pensais!... Je suis curieux de connaître la dame dont la conquête réjouit si fort notre jeune cadet.

ARAMIS.

Toujours curieux, Porthos!... Mais encore faudrait-il demander permission à M. de Tréville.

ATHOS.

Je m'en charge!... pourvu toutefois que la terrible Armide...

ARAMIS.

Madame de Tréville est entrée chez la reine.

ATHOS.

Alors, je réponds du succès.

Il entre à gauche.

PORTHOS, à Aramis remontant à la fenêtre, à droite.

Si c'était la belle madame Coquenard pourtant!

ARAMIS.

Tu sais bien qu'elle t'adore!

PORTHOS.

Et j'ose croire qu'elle n'aurait pas le mauvais goût de me préférer un étourneau de Gascogne!

BONACIEUX, entrant du fond.

C'est singulier!... je ne trouve plus mon jeune ami!... et dans un moment où j'aurais tant besoin de son épée!... (Apercevant les mousquetaires.) Des mousquetaires!... parlons bas! Monsieur le Cardinal m'a fait l'honneur de me mander auprès de lui : « Bonacieux, m'a-t-il dit. — Votre Éminence, ai-je répondu.— Vous n'êtes pas une bête? — Une bête et moi, Votre

Éminence, ça fait deux! — Eh bien! redoublons de précautions! J'ai un plan superbe, qu'un défaut de surveillance peut faire échouer! Mettez de votre monde partout... près de madame de Chevreuse, de madame de Tréville, de votre femme, au quartier des mousquetaires... que sais-je?... et soyez prêt à partir au moindre indice! » Je suis prêt : litière, escorte, chevaux, bourse rondelette, et une liasse de blancs-seings, j'ai tout... sauf mon jeune ami!... sauf mon excellent d'Artagnan!

ATHOS, sortant à gauche.

Victoire! J'ai la permission!

ARAMIS.

Il était temps! Il monte à cheval.

PORTHOS.

Hâtons-nous! Vive Dieu!

Ils sortent au fond.

SCÈNE X

BONACIEUX, puis CONSTANCE, puis ARMIDE, puis TRÉVILLE.

BONACIEUX, qui a observé les mousquetaires.

Hum! ce conciliabule... ces chuchotements... ce départ précipité... Avec cela que ce trio de mousquetaires ne m'est jamais trop revenu...

CONSTANCE, rentrant de droite.

Il est parti!... pauvre garçon!... A quels périls ne l'ai-je pas exposé là!

BONACIEUX, à part.

Ma femme!... Si je pouvais adroitement?... (Haut.) Bonjour, chérie.

CONSTANCE.

Monsieur Bonacieux!... Par quel hasard?...

BONACIEUX.

Un douloureux hasard, chérie!... Je vais, sans doute, être obligé de vous faire mes adieux.

CONSTANCE, inquiète.

Vos adieux?

BONACIEUX, à part.

Elle s'est troublée... (Haut.) De vous quitter brusquement... pour une destination inconnue.

CONSTANCE, à part.

Ah! mon Dieu!

BONACIEUX, à part.

Elle a pâli! (Haut.) Et de m'en aller courir sur une piste... que mon flair accoutumé m'indiquera sûrement.

CONSTANCE, à part.

Oh! comment déjouer ses soupçons?

BONACIEUX.

J'aurais voulu emmener mon jeune ami...

CONSTANCE.

Monsieur d'Artagnan?

BONACIEUX.

Oui!... C'est une petite campagne où il eût utilisé ses talents d'escrime... et sa haine des mousquetaires!

CONSTANCE, à part.

Je respire!... Si je pouvais le mettre sur une fausse voie?

BONACIEUX.

Car je veux croire qu'il garde sur le cœur son premier coup d'épée, et, entre nous, je crois brûler: J'ai surpris ici, avant votre arrivée, trois mousquetaires, dont l'un, du moins, vous est connu...

CONSTANCE.

Monsieur Aramis?

BONACIEUX.

Précisément. Et leur départ précipité....

CONSTANCE.

Ils sont partis? (A part.) Ma foi, qu'il coure après eux... c'est du temps de gagné pour d'Artagnan.

BONACIEUX.

Pourquoi avez-vous dit: ils sont partis?

CONSTANCE, feignant de se troubler.

L'ai-je dit?

BONACIEUX.

Assurément... Et d'un ton où perçaient vos inquiétudes!

ONSTANCE.

Mais non... mon ami... ne croyez pas... je serais désolée... Je connais à peine monsieur Aramis... et s'il était chargé de quelque mission délicate...

BONACIEUX.

Il l'est... votre trouble vous trahit... Et mon neź ne m'avait pas trompé...

Il va pour sortir.

CONSTANCE, le retenant.

Monsieur Bonacieux!

BONACIEUX.

Ne me retenez pas !

CONSTANCE, même jeu.

Par pitié... de grâce !... Ah ! imprudente qui n'ai pas su garder le secret !...

BONACIEUX.

Laissez-moi ! Laissez passer la justice du grand Cardinal.

Il sort.

CONSTANCE, riant.

Ah! ah ! ah ! Courez, monsieur Bonacieux... puisque votre flair est infaillible et que mon trouble m'a trahie... courez après Aramis... et puisse-t-il vous mener loin! Ah! ah! ah!

ARMIDE, entrant de droite.

Eh! quelle gaieté, Constance !... qui te met si fort en joie?

CONSTANCE.

C'est mon mari, Madame, maître Bonacieux, que j'ai lancé sur une fausse piste ! Ah ! ah ! ah! ah! Si vous m'aviez vu jouer la comédie !...

ARMIDE.

Il avait donc des soupçons?

CONSTANCE

Oui ; mais rassurez-vous, j'ai pu les détourner... et

à cette heure, il galope après trois de vos mousquetaires.

ARMIDE.

Trois de mes mousquetaires?

TRÉVILLE, *entrant de gauche avec son métier.*

J'ai retrouvé ma laine citron !

ARMIDE.

Mais où allaient-ils, mes mousquetaires ? Est-ce à vous qu'ils ont demandé permission ?

TRÉVILLE.

Qui ça?... Athos, Porthos et Aramis? Oui! Oh! une plaisanterie fort innocente... (*Il va pour se remettre à son métier.*) Histoire de suivre le petit, pour connaître la belle dame qui lui avait accordé rendez-vous.

CONSTANCE.

Le petit!

ARMIDE.

Quel petit?

TRÉVILLE.

Ton protégé, pardieu !... le Gascon... d'Artagnan...

CONSTANCE.

D'Artagnan !

ARMIDE.

Ils galopent après d'Artagnan!

CONSTANCE.

Et mon mari galope après eux!

ARMIDE.

Ventre-saint-gris !...

TRÉVILLE.

Qu'est-ce qu'il y a ?

CONSTANCE.

Il y a... il y a...

ARMIDE.

Il y a que nous avons perdu la reine !

Elle donne un soufflet à Tréville. Il tombe à la renverse.

Page 107

acte III

Page 165

DEUXIÈME TABLEAU

À gauche, premier plan, la falaise à pic. — A droite, la maison du garde-côte avec porte praticable. Au deuxième plan, la falaise ferme le théâtre, sauf une brèche qui va se rétrécissant près du sol ; au delà de la brèche on voit la mer. — On accède à la brèche par un plan incliné praticable. — Paysage éclairé par la lune, qui paraît et se voile par instants.

SCÈNE PREMIÈRE

CHŒUR DE PÊCHEURS, au dehors; puis D'ARTAGNAN et PLANCHET.

LE CHŒUR.

Le ciel s'étoile,
Virons de bord,
Plions la voile,
Rentrons au port !
La pêche est bonne
Et l'heure sonne
Du couvre-feu.
Bénissons Dieu !

Les voix s'éteignent.

D'Artagnan et Planchet entrent de gauche avec précaution et regardent autour d'eux. Le théâtre est sombre.

PLANCHET, se jetant sur un tertre.

Ouf !

D'ARTAGNAN.

Ils auront enfin perdu notre trace !

PLANCHET.

Espérons-le, mon maître!.. Et de vrai, vous m'avez fait prendre, pour arriver à ce plateau, un chemin...

D'ARTAGNAN.

Chut!

Il écoute.

PLANCHET, continuant à voix basse.

...qui n'est un chemin que pour les chèvres!.. Des rochers escarpés... des petits cailloux qui dégringolent sous les talons... Et tenez... à propos de talon, j'en ai laissé un en route.

D'ARTAGNAN.

Tu le retrouveras au retour!

PLANCHET.

Ça m'avancera bien!.. Je ne saurai pas le remettre.

D'ARTAGNAN.

Mais qui peut nous poursuivre ainsi depuis Fontainebleau?

PLANCHET.

Qui?.. voilà! Il y avait un moyen bien simple de le savoir.

D'ARTAGNAN.

Quels étaient les cavaliers qui galopaient sur nos talons?

PLANCHET.

Certainement!

D'ARTAGNAN.

Et ce moyen, monsieur Planchet?

PLANCHET.

C'était de les attendre... pour leur demander!

D'ARTAGNAN.

Sûr moyen en effet de leur échapper!...

Il va écouter vers le fond.

PLANCHET, au public.

Moi, j'aurais attendu volontiers!... Je me serais arrêté dans une bonne auberge... j'aurais commandé un bon dîner... un bon feu... un bon lit!... parce que, pour ce qui est de voyager, n'est-ce pas?

COUPLETS

I

Chacun, selon sa fantaisie.
Veut voyager en liberté!
Les uns cherchent la poésie,
Les autres la commodité!
A contempler le paysage
Ceux-ci dépensent les moments;
Ceux-là préfèrent du vieil âge
Examiner les monuments!

Moi, plus que toute chose,
En voyage il me faut
Une auberge bien close,
Avec un lit bien chaud!

II

Peu m'importe les points de vue!
Je suis pratique et j'aime mieux
Voir une table bien pourvue
De mets fumants et de vins vieux!
Forêts, falaises ou collines,
Églises, temples ou manoirs,
J'aime mieux l'aspect des cuisines
Avec l'horizon des dortoirs

Car, plus que toute chose,
En voyage il me faut
Une auberge bien close
Avec un lit bien chaud!
Et de la table au lit, moi je ne fais qu'un saut!

D'ARTAGNAN.

Vous êtes sybarite, monsieur Planchet!

PLANCHET.

Pas si barite que ça!...

D'ARTAGNAN.

Mais où sommes-nous, ici?

PLANCHET.

Monsieur, je viens de me passer la langue sur les lèvres... j'ai senti un petit goût de sel... la grande salière n'est pas loin!

La lune paraît et éclaire la scène.

D'ARTAGNAN.

En effet! La lune semble s'être levée pour me répondre... Voilà bien la falaise... la mer...

PLANCHET.

Et une maisonnette, où nous trouverons peut-être...

D'ARTAGNAN.

Une barque!

PLANCHET.

J'aimerais mieux une botte de paille!

D'ARTAGNAN.

Gourmand!

PLANCHET.

Pour me coucher, Monsieur, pour me coucher!

D'ARTAGNAN.

Et passer la Manche, monsieur Planchet ?

PLANCHET.

La manche ?... quelle manche ?...

D'ARTAGNAN.

Ne sais-tu pas que nous allons en Angleterre ?

PLANCHET.

Par eau, Monsieur ?

D'ARTAGNAN.

Comment irais-tu ?... L'Angleterre est une île...

PLANCHET.

Capédédiou ! et il n'y a pas de pont ?... Allons, bon !... Allons, bien !... Moi qui ai le mal de mer !...

D'ARTAGNAN.

Qu'en sais-tu ?... tu n'as jamais fait de traversée ?

PLANCHET.

Non, Monsieur, mais je suis monté une fois sur une balançoire...

D'ARTAGNAN.

Tais-toi !... On vient !

PLANCHET.

Déjà !

Ils se cachent à gauche.

SCÈNE II

LES MÊMES, MADELEINE, puis PICARD

MADELEINE, entrant par la droite.

Là! voilà tous les bateaux rentrés! mon homme ne tardera point à venir demander sa soupe.

D'ARTAGNAN, paraissant.

Une femme! risquons-nous!

PLANCHET.

Les femmes, c'est notre fort! Lui et moi, nous n'avons pas nos pareils pour enjôler le sexe!

D'ARTAGNAN.

Madame...

Il salue.

PLANCHET.

Ou mademoiselle?..

Il salue.

MADELEINE.

Madame!.. mes beaux messieurs, quoi qu'il y a pour votre service?

D'ARTAGNAN.

Nous voudrions, mon ami et moi, faire une petite promenade en mer.

PLANCHET.

Oui, mon ami et moi, nous voudrions... sans vouloir...

MADELEINE.

A c't'heure?

D'ARTAGNAN.

Oui!... au clair de lune!.. une fantaisie...

PLANCHET.

Nous sommes capricieux!

MADELEINE.

Mais les bateaux sont rentrés... les bateliers sont couchés...

PLANCHET.

Alors, n'insistons pas!

D'ARTAGNAN.

Au contraire!.. nous n'avons pas de temps à perdre... C'est une affaire de prix?

MADELEINE.

Ah! dame!.. comme de juste!.. D'autant que le vent fraîchit, la mer moutonne...

PLANCHET.

Alors, n'insistons pas!

D'ARTAGNAN.

Au contraire!.. nous paierons en conséquence!

PLANCHET.

Rien ne l'arrête, lui!

MADELEINE.

On peut toujours causer... et v'là mon homme, qu'est garde-côte, et qui ne répugne pas à gagner quelques pièces blanches... Viens ça, Picard!

PICARD, entré par la droite.

Des étrangers?

MADELEINE.

Des messieurs ben honnêtes, qu'ont à causer avec toi.

PICARD.

Entrez donc chez nous!.. On allumera un fagot... et on boira un pot de cidre.

PLANCHET.

Ça me va!

D'ARTAGNAN.

Entre, toi... et débats ton prix... moi, je fais le guet.

Madeleine et Picard entrent dans la maison.

PLANCHET.

Bon! Jusqu'où faudra-t-il pousser?

D'ARTAGNAN.

A tout prix, pardieu!... Mes instructions sont précises. Un navire anglais croise en haute mer... Il faut le rejoindre cette nuit. Demain il serait trop tard!

PLANCHET.

Alors... on sera magnanime! (*Entrant.*) Est-il bon, votre cidre?

SCÈNE III

D'ARTAGNAN, *puis* ATHOS, PORTHOS, ARAMIS.

D'ARTAGNAN *va regarder au fond.*

Oui!... la mer sera forte... et les bateaux de pêche auront grand'peine à franchir la barre!... Ah bah! Dieu y pourvoira... et aussi mon bon ange! Constance! ma chère Constance!

Il va pour entrer dans la maison.

ATHOS, entrant par la brèche avec ses amis, lui barrant le chemin.

Halte-là !

PORTHOS.

On ne passe pas !

D'ARTAGNAN.

C'était eux !

ARAMIS.

C'était nous ! Mais, vrai Dieu ! vous alliez d'un train qu'on a peine à suivre !

PORTHOS.

Vous en avez avalé, de ce chemin !

ATHOS.

Ce n'est pas votre cheval canari qui vous eût fourni ce galop-là !

D'ARTAGNAN.

Eh ! Messieurs... que me voulez-vous enfin ?

PORTHOS.

Voici : Nous étions curieux de savoir où vous alliez...

D'ARTAGNAN.

Eh bien ! vous voilà satisfaits ?

ARAMIS.

Hum ! satisfaits ?... à demi !... Car le diable m'emporte si, au départ de Fontainebleau, je pouvais prévoir que la chasse nous mènerait si loin !

ATHOS.

Mais peut-être nous ferez-vous la grâce de nous dire, amicalement, ce qui vous amène sur cette falaise ?

D'ARTAGNAN.

Et si je ne vous réponds pas?

ARAMIS.

Nous en concluerons que vous jugez notre question indiscrète!

D'ARTAGNAN.

En effet! C'est mon sentiment.

PORTHOS.

Et comme ce sentiment nous paraît une offense, nous vous prierons de choisir entre nous trois...

D'ARTAGNAN.

Soit donc!.. finissons-en.

Il tire son épée.

ATHOS.

Lequel des trois?

D'ARTAGNAN.

Vous, Monsieur, nous avons une partie entamée.

ATHOS.

Grand merci de la préférence!..

Il tire son épée.

PORTHOS.

Diable d'Athos qui nous coupe toujours l'herbe sous le pied!

D'ARTAGNAN.

En garde! (*S'arrêtant.*) Mais non!.. C'est impossible!.. Et si j'étais tué... Ce message... la reine... ma chère Constance... Ah! malheureux! malheureux!..

QUARTETTO

ATHOS.

Eh bien! j'attends?

D'ARTAGNAN.

Qu'allais-je faire?
Ce duel, que j'eusse hier accepté de grand cœur.
Il faut qu'hélas! je le diffère,
Un devoir...

LES MOUSQUETAIRES.

Un devoir plus sacré que l'honneur!

ENSEMBLE.

D'ARTAGNAN.

Un devoir sacré me l'ordonne,
Plus que mon honneur il m'est cher,
Et malgré mon sang qui bouillonne,
Ma main laisse tomber mon fer!

LES MOUSQUETAIRES.

Ah! ah! ah! ah! l'excuse est bonne.
Soudain monsieur devient moins fier
Et le courage l'abandonne
Sitôt qu'il voit briller le fer!

D'ARTAGNAN.

Ah! je vous en supplie,
Ayez pitié du serment qui me lie!

ARAMIS.

C'est de votre serment vous souvenir à point
Ah! ah! permettez que j'en rie!

PORTHOS.

Monsieur ne met l'épée au poing,
Je le vois bien, que pour la galerie!

D'ARTAGNAN.

Mordious!..

ATHOS.

Eh bien?

D'ARTAGNAN.

Non! non!

ATHOS.

Un homme si prudent avec l'air si bravache
En tout pays porte le même nom,
Et ça s'appelle un lâche!

D'ARTAGNAN.

Un lâche! un lâche!

Il laisse tomber son epée.

I

Un lâche! eh bien! oui, l'affront mérité,
Crachez-le moi donc au visage!
Allez! faites honte à ma lâcheté,
Je courbe le front sous l'outrage!
Peut-être qu'un jour vous aurez regret
D'avoir flétri mon cœur sans tache!
Mais j'aurai du moins gardé mon secret...
Oui, c'est vrai! je ne suis qu'un lâche!

II

Insultez-moi donc! C'est noble, vraiment,
Et m'offenser a tant de charmes!
Moi qui, sans trahir le plus cher serment,
Ne puis vous montrer que mes larmes!

Voyez, je pâlis sous vos fiers affronts,
Mais que j'aie accompli ma tâche,
L'épée à la main, nous nous reverrons !
Vous direz si je suis un lâche !

LES MOUSQUETAIRES, à part.

A ces accents émus qui nous vont droit au cœur,
N'accomplissons-nous pas vilaine tâche ?
Ces larmes, cette douleur,
Ne sont pas celles d'un lâche !

ATHOS.

Bref !.. c'est du crédit que vous demandez ?

Il lui rend son épée. On entend au dehors et au loin une marche des gardes du Cardinal.

D'ARTAGNAN.

Oui... Mais écoutez donc !

ARAMIS.

Les gardes du Cardinal qui ont retrouvé nos traces !

D'ARTAGNAN.

Les gardes du Cardinal ! (Avec explosion de bravoure.) Ah ! contre eux, du moins, je puis exposer ma vie !... Il m'est défendu de vous en dire davantage. Messieurs, mais vous êtes mousquetaires du roi, nous combattons pour la même cause !

ARAMIS.

Eh ! mais ?... tant de courage... après tant de prudence...

ATHOS.

Je m'y connais, mes amis ! D'Artagnan est un brave et il n'y a plus qu'à réparer nos torts ! Monsieur d'Artagnan, faites-moi la grâce d'agréer mes excuses !

PORTHOS.

Et les miennes !

D'ARTAGNAN.

Quoi ! Messieurs ?...

ARAMIS.

Eh ! certes ! Nous ne sommes pas si noirs qu'on peut penser. Nous sommes querelleurs, batailleurs et pourfendeurs...

PORTHOS.

Mais nous ne sommes pas mauvais diables, au fond !

ATHOS.

Et quand les hasards de la vie nous mettent face à face avec un brave garçon qui a du cœur... je l'ai vu à Meung, pardieu !..

PORTHOS.

Et qui sait garder un secret, nous venons de le voir ici...

ARAMIS.

Nous allons à lui, et, lui tendant la main, nous lui disons : Soyons amis !...

D'ARTAGNAN.

Ah ! Messieurs !...

ATHOS.

Amis de cette amitié sans limite qui nous unit, Porthos, Aramis et moi !... Amis jusqu'à la bourse, jusqu'à la vie, jusqu'à l'échafaud !... Nous étions trois ! S'il vous plaît, nous serons quatre !

D'ARTAGNAN.

S'il me plaît !

ATHOS, *tirant son épée.*

Un pour tous !

TOUS, tirant leurs épées.

Tous pour un!

D'ARTAGNAN.

Mais comment vous remercier assez?... Comment reconnaître jamais?... Si vous saviez... si vous pouviez savoir?...

PORTHOS.

Rien!... et tant pis pour ma curiosité native!

ARAMIS.

Maintenant, pouvons-nous vous servir?

D'ARTAGNAN.

Peut-être... et voici Planchet qui nous dira...

La musique de scène continue jusqu'à l'entrée des gardes.

SCÈNE IV

LES MÊMES, PLANCHET.

D'ARTAGNAN.

Eh bien, Planchet!..

PLANCHET.

Eh bien, Monsieur. le brave homme disait vrai. Son cidre est exquis!

D'ARTAGNAN.

Il s'agit bien de cidre !.. Le bateau?

PLANCHET.

Le bateau... Vous tenez donc toujours à naviguer?..

D'ARTAGNAN.

Eh ! sans doute !.. Le prix ?..

PLANCHET.

Je l'ai débattu comme pour moi.

D'ARTAGNAN.

Le prix ?

PLANCHET.

Le bonhomme est un peu corsaire !

D'ARTAGNAN.

Le prix ?

PLANCHET.

L'État paie mal, et...

D'ARTAGNAN.

Finiras-tu ?

PLANCHET.

Trente écus au plus juste.

D'ARTAGNAN.

C'est bien !.. Paie... et partons !

PLANCHET va vers la maison et revient tendre la main à d'Artagnan.

Paie... Avec quoi ?

D'ARTAGNAN.

N'est-ce pas toi qui tiens la bourse?

PLANCHET.

C'est vrai... mais pour l'instant... la voilà votre bourse!..

D'ARTAGNAN.

Peu importe! trente écus, ce n'est pas le Pérou... Avance-les!

PLANCHET.

Avec quoi?

D'ARTAGNAN.

Avec les économies que tu as faites sur tes gages!

PLANCHET.

Mes gages?.. Monsieur se rappelle-t-il qu'il a absolument négligé de me les payer?

D'ARTAGNAN.

J'ai fait sagement!... Tu les aurais gaspillés avec des femmes!

PLANCHET.

Taratata!... Quand je suis aimé, c'est pour moi-même!

D'ARTAGNAN.

Bref tu n'as pas trente écus? (Aux mousquetaires.) Vous l'entendez, mes amis...

ATHOS.

Que ne le disiez-vous plus tôt?

PORTHOS.

Puisque nous allons faire bourse commune!

ATHOS, se fouillant.

Ah! trois livres dix sols.

ARAMIS, *même jeu.*

Deux écus, six livres!.. Mais Porthos?

PORTHOS, *même jeu.*

Dix-huit sols! et encore les gardais-je pour offrir un bouquet à madame Coquenard!

D'ARTAGNAN.

Sandious!

PLANCHET.

Tant pis! nous voilà débarqués!

D'ARTAGNAN.

Allons donc! il faut que je parte!.. il me faut ces trente écus, et tout de suite!

PORTHOS.

Alerte! (*La musique se rapproche sensiblement.*) Le bruit se rapproche!

ATHOS, *allant voir.*

Les gardes du Cardinal escaladent ces rochers!

ARAMIS.

Et avec eux... un gaillard que je reconnais.

D'ARTAGNAN.

Monsieur Bonacieux!

ATHOS.

Que faire?

PORTHOS, *soulevant un bloc de rocher.*

Attendez, je vais arranger ça!

D'ARTAGNAN.

Livrer bataille!

PLANCHET.

Je n'en suis pas!

ARAMIS.

Attends donc, imbécile!

PLANCHET.

Monsieur dit?

ARAMIS.

Il sera toujours temps d'en venir aux coups!.. Concertons-nous d'abord!..

D'ARTAGNAN.

Là! (Il montre la droite.) De cette chaumière, nous verrons sans être vus!

PLANCHET.

C'est ça, Monsieur!.. L'ennemi!.. Cachons-nous!

Ils disparaissent dans la cabane.

SCÈNE V

BONACIEUX, UN OFFICIER, GARDES DU CARDINAL, PLANCHET, à la porte.

Les gardes entrent de gauche le mousquet au poing, et s'arrêtent au fond.

LE CHŒUR.

Par état, par prudence,
Avançons en silence,
Lentement, l'œil au guet,
Et la main au mousquet.

BONACIEUX.

Morbleu! que cette gorge est sombre.
Par où nous devons passer!
Au secours!

LE CHŒUR.

Quoi!

BONACIEUX.

Rien, c'est mon ombre!
Je sens tout mon sang se glacer.

Fouillons la falaise et la dune,
Partout où l'on peut se glisser!
Je sens tout mon sang se glacer
Au secours!

LE CHŒUR.

Quoi!

BONACIEUX.

Rien! C'est la lune!

LE CHŒUR.

Par état, par prudence,
Etc.

BONACIEUX.

Halte! Eh bien! non, n'avançons plus! Je commande halte!

L'OFFICIER, aux gardes.

Halte!

BONACIEUX.

D'ailleurs, c'est inutile, ils sont arrêtés. Attention!... Rompez les rangs!... Lieutenant!

L'OFFICIER.

Monsieur Bonacieux?

BONACIEUX.

Vous n'avez pas connu César?

L'OFFICIER.

Non!

BONACIEUX.

Moi non plus!... Mais j'ai idée que j'aurais été un grand capitaine comme lui! Et maintenant, écoutez mon plan!

L'OFFICIER.

J'écoute.

BONACIEUX.

Tout me porte à croire que ces coquins de mousquetaires se sont réfugiés ici.

PLANCHET, à part.

Ces coquins de mousquetaires!

BONACIEUX.

S'ils se sont réfugiés ici, nous les tenons.

L'OFFICIER.

Hum! pas encore!

BONACIEUX.

Ne dites pas cela, vous feriez tort à votre avancement! Si, lieutenant, si!... ils ne sont que trois... et nous sommes trente.

L'OFFICIER.

Trente et un en vous comptant!

BONACIEUX.

Oh! ne me comptez pas!.. Trente! ça doit suffire!... Moitié d'escorte, moitié au pied de la falaise!... Pour commencer, et par précaution, vous allez publier la défense que nous publiâmes déjà sur la place du village.

L'OFFICIER.

Mais il n'y a personne ici!

BONACIEUX, solennel.

Il y a l'écho, Monsieur!

L'OFFICIER.

Soit! (Lisant un ordre.) « Par ordre du Cardinal, défense expresse est faite à tout batelier de quitter le rivage sous peine de mort; ordre est donné aux sentinelles de tirer sur quiconque enfreindrait notre volonté! »

BONACIEUX.

« Signé, Bonacieux! »

PLANCHET, à part.

Aïe! voilà qui gâte notre affaire!...

BONACIEUX.

Et maintenant, placez vos meilleurs tireurs en sentinelles.

Ainsi fait à l'extérieur de la brèche.

BONACIEUX.

Ceci, c'est la maison du garde-côte?

L'OFFICIER.

Oui, les pêcheurs nous l'ont indiquée.

BONACIEUX.

J'en fais mon quartier général!... Continuez vos recherches... et revenez avec vos prisonniers... Moi, je vais rédiger mon rapport.

L'OFFICIER.

En route, nous!

Les gardes sortent à droite, en ordre.

SCÈNE VI

BONACIEUX, puis PLANCHET

BONACIEUX.

Hum!... ça sent la poudre et l'estocade... Je crois l'instant venu de me choisir une retraite favorable... Décidément, je serai très bien là, pendant la bataille.

PLANCHET sort de la maison, déguisé en vieux pêcheur comme Picard. A part.

Trois cents écus!... C'est trois cents écus qu'il nous faut maintenant. (Haut.) Salut, bourgeois et la compagnie!...

BONACIEUX.

Bonsoir, mon ami! bonsoir! Vous êtes, je pense?...

PLANCHET.

Picard, bourgeois, le garde-côte, pour vous servir... même que j'ai un petit cidre que, si vous me faisiez l'honneur d'en accepter une goutte, que vous vous en pourlécheriez les babines quinze jours durant... Eh! eh! eh!

BONACIEUX.

Eh! eh! eh!... il est gai, ce garde-côte!

PLANCHET.

Voyons, le cœur vous dit-y.

Il lui tape sur le ventre.

BONACIEUX.

Doucement! doucement! pas de familiarité!

PLANCHET.

Faites excuses!... nous autres marins!...

BONACIEUX.

Oui, je sais... population rude et loyale... J'aime la marine!

PLANCHET.

Moi itou!... même que si une petite promenade en mer pouvait vous agréer?...

BONACIEUX.

En mer?... Vous n'avez pas entendu la défense que je viens de faire publier?

PLANCHET.

Mande pardon!... J'suis pas sourd!... Signé, Bonacieux, — d'où j'ai pensé que c'était là votre nom patro... patro...

BONACIEUX.

... nymique! Je suis, en effet, Bonacieux, l'agent de monsieur le Cardinal!

PLANCHET.

Une forte tête, quoi?... J'ai vu ça tout de suite!... Nous autres marins... Alors, la petite promenade ne vous dit point?

BONACIEUX.

Merci bien!

PLANCHET.

Alors, vous n'êtes pas comme trois beaux messieurs que j'ai reçus tantôt.

BONACIEUX.

Trois beaux messieurs... Des mousquetaires?

PLANCHET.

C'est possible!... des grands manteaux gris... des bottes... et des rapières... Oh! la la! ces rapières!

BONACIEUX.

C'est bien eux! Et tu les as vus?

PLANCHET.

Comme je vous vois.

BONACIEUX.

Ils t'ont demandé ta barque?

PLANCHET.

Comme vous dites.

BONACIEUX.

Et tu leur as répondu?

PLANCHET.

Tope! Ça y est!

BONACIEUX.

Malheureux!

PLANCHET.

Attendez donc! J'ai dit tope, avant la défense! Mais après, après pas tope! Ça y est plus.

BONACIEUX.

Je respire!... Et sais-tu de quel côté?

PLANCHET.

De quel côté ils sont allés? Pardi! puisqu'ils m'y attendent.

BONACIEUX.

Bon! Conduis-moi!

PLANCHET.

Pourquoi faire?

BONACIEUX.

Pour les prendre! Ce sont des ennemis de l'État.

PLANCHET.

J'sais bien!... mais ils s'laisseront pas prendre comme des poussins!... ils sont trois.

BONACIEUX.

Nous sommes trente et un en te comptant...

PLANCHET.

Ne me comptez point!

BONACIEUX.

Comme moi, alors!

PLANCHET.

Ils ont trois camarades qui les attendent à l'auberge...

BONACIEUX.

Ça fait six...

PLANCHET.

Et chacun a amené deux domestiques...

BONACIEUX.

Ça fait dix-huit.

PLANCHET.

Et tout ça est armé jusqu'aux dents!

BONACIEUX.

Réfléchissons!

PLANCHET.

Avec ça qu'ils sont exaspérés...

BONACIEUX.

Ah!

PLANCHET.

Tant et tant, que l'un d'eux disait, je l'ai entendu: « Si monsieur Bonacieux voulait seulement nous payer nos petites dettes d'auberge, nous nous rendrions à merci!... »

BONACIEUX.

Leurs petites dettes d'auberge!

PLANCHET.

Dame! ils avaient l'air si découragé!... Ça serait là de vraie malice de les prendre sans horions.

BONACIEUX.

Le nerf de la guerre est aussi le nerf de l'intrigue.

PLANCHET.

Ah! v'là qu'est bien dit!...

BONACIEUX.

Prisonniers, sans coup férir? Quel triomphe!... Mais tu me réponds...

PLANCHET.

Je suis employé de l'État... j'voudrais pas vous tromper.

BONACIEUX.

Non! c'est juste!... Et le chiffre de ces petites dettes?

PLANCHET.

Un rien! trois cents écus!

BONACIEUX.

Trois cents écus!

PLANCHET, à part.

La somme qu'il nous faut. (Haut.) Dame! faites votre compte!

DUETTO

PLANCHET.

Comptez un peu sur vos doigts :
Trente écus, ça représente
Trois repas, puisqu'ils sont trois,
Et que trois fois dix font trente!
Ajoutez en outre, pour
Vous assurer si j'invente,
Chacun deux repas par jour;
Deux fois trente font soixante!

BONACIEUX.

Deux fois trente font soixante !

PLANCHET.

Or donc, nul ne mangeant gratis,
Pour calculer les nourritures,
Maîtres, gens, bêtes et montures,
Posez zéro, retenez six !

BONACIEUX.

Pourquoi retenir six ?
Pourquoi, pourquoi ?

PLANCHET.

Pourquoi ?
Reprenons donc et suivez-moi.
Comptez un peu sur vos doigts :
Trente écus... etc.
. . . .
Posez zéro ! retenez six !

BONACIEUX.

Pardon ! mais je t'arrête !

PLANCHET.

M'arrêter ? Qu'ai-je fait de mal ?

BONACIEUX.

Toi ! rien ! mais calculons de tête
Et redis-moi quel sera le total ?

PLANCHET.

Nous disons soixante, et soixante
Multipliés par trois, ça fait cent quatre-vingts !

BONACIEUX.

Eh ! quoi ! cent quatre-vingts mousquetaires !

PLANCHET.

Plus trente,
Qui multipliés par soixante,
Non compris l'avoine et le vin,
Donnent un total identique,
Sans un sol de moins ni de plus !
Si vous savez l'arithmétique,
Cela fait bien trois cents écus !

BONACIEUX.

Comment, ça fait trois cents écus?

ENSEMBLE.

Tout ce calcul { me / vous } confond,
Mal il s'explique,
Mais la belle chose au fond
Que l'arithmétique !
Vive l'arithmétique!

BONACIEUX.

Et si je n'avais pas trois cents écus ?

PLANCHET.

Alors c'est la bataille !

BONACIEUX.

La bataille, jamais, mais tu me promets?..

PLANCHET.

Je suis employé de l'État.

BONACIEUX.

Allons !

Ils sortent au deuxième plan à gauche.

SCÈNE VII

D'ARTAGNAN, ATHOS, PORTHOS, ARAMIS, PICARD, MADELEINE, puis PLANCHET.

D'ARTAGNAN, qui épiait leur départ.

Brave Planchet!

ATHOS.

Mais où le conduit-il?

D'ARTAGNAN.

Je m'en rapporte à lui!.. Il l'égarera dans la falaise et il viendra me retrouver ici.

PORTHOS.

Moi, c'est les sentinelles qui me chiffonnent!.. Et si vous m'en croyez...

Il prend son pistolet et vise une sentinelle qui parait à droite.

ARAMIS.

Non! pas de bruit!... La lune se cache... et si d'Artagnan pouvait profiter de l'obscurité... (A Picard qui parait.) Eh bien! l'ami, ta barque?

PICARD.

Elle est là, Monsieur!... (Il montre la brèche.) Et l'argent?

D'ARTAGNAN.

Tout de suite !... Allons d'abord ! Planchet nous rejoindra! Venez, mes amis!...

ATHOS.

Nous, nous garderons ce passage, le seul qui conduise au rivage, n'est-ce pas?

MADELEINE.

Oui, Monsieur !... sans quoi faut faire un grand détour.

ARAMIS.

Nous le garderons !... Vous, sitôt embarqués.., un signal!

D'ARTAGNAN.

Ma chanson, pardious!

PORTHOS.

Bon! le rendez-vous?

D'ARTAGNAN.

Dans trois jours, à l'auberge où sont restés nos chevaux!... Mais ce Planchet qui ne revient pas!...

FINALE

D'ARTAGNAN.

Allons! l'ami! partons!

PICARD

Et l'argent?

TOUS

Quel corsaire!

MADELEINE.

Pas d'argent, pas de barque !

PICARD.

Et nous restons ici !

Mes trois cents écus ?

PLANCHET, accourant.

Les voici !

ATHOS.

Bonacieux ?

PLANCHET.

Il me suit, et de très près me serre !

D'ARTAGNAN.

Partons !

ARAMIS.

Partez ! l'épée en main.
Nous trois, nous défendrons la brèche et le chemin !

D'Artagnan, Planchet et Picard sortent par la brèche. Madeleine rentre dans la maison. Athos, Porthos et les amis disparaissent un instant par la brèche.

SCÈNE VIII

ATHOS, PORTHOS, ARAMIS, puis BONACIEUX et LES GARDES.

BONACIEUX, accourant de gauche.

A l'aide ! à la garde !

L'OFFICIER, accourant avec ses gardes de droite.

Qu'arrive-t-il?

BONACIEUX.

On m'a volé!.. Par la morbleu!
Courez! frappez! tirez! feu! feu!

ATHOS, paraissant à la brèche avec ses amis.

Malheur à qui contre nous se hasarde!

BONACIEUX, reculant.

Les mousquetaires!.. Sauvons-nous!
Il va pleuvoir, pleuvoir des coups!

Il se cache en avant de la cabane.

ENSEMBLE.

LES MOUSQUETAIRES.

L'heure et la nuit sombre,
Amis, sont pour nous!
Et malgré le nombre
Nous les bravons tous!

BONACIEUX et LES GARDES.

Bataille, et dans l'ombre
Que pleuvent les coups!
Nous sommes en nombre,
Et malheur à vous!

Combat. La lune reparait.

ARAMIS, écoutant.

Rien encore! le vent n'apporte
Aucun écho de sa chanson!

Un coup de feu au dehors.

BONACIEUX, sautant.

Ah!

ATHOS.

Mon Dieu ! j'en ai le frisson !

Deuxième coup de feu.

BONACIEUX, sautant.

Ah !

PORTHOS.

Tué peut-être ?

ARAMIS.

Il n'importe !
Tenons bon !

LA VOIX DE D'ARTAGNAN, au loin.

Aussi beau qu'Apollon...

ATHOS.

C'est lui !

D'ARTAGNAN.

Prompt comme l'Aquilon,
A la guerre un lion,
En amour papillon,
Voilà le vrai Gascon !
Té, mon bon !

LES MOUSQUETAIRES.

Vivat ! pour le Gascon !

BONACIEUX et CHŒUR.

Ah ! le maudit Gascon !

Le combat reprend.

ACTE TROISIÈME

PREMIER TABLEAU

A gauche, une auberge face au public occupe deux tiers de la scène. La cuisine : cheminée au fond, fourneaux à droite. A gauche, premier plan, une porte ; deuxième plan, un escalier conduisant à l'étage supérieur. Au premier plan à droite, une petite ouverture au-dessus du fourneau ; au deuxième plan, la porte de l'extérieur avec un rameau suspendu. Au fond, près la cheminée, un coucou de cuisine. On voit la toiture en pente vers le public, et au-dessus, le tuyau de la cheminée praticable. A droite, la route, la campagne au fond.

SCÈNE PREMIÈRE

BAZIN, *en hôtelier*, GRIMAUD, *en sommelier*. QUELQUES PAYSANS, PÊCHEURS *et* PÊCHEUSES, *attablés sur la route, devant l'auberge.*

INTRODUCTION

CHŒUR.

Ah ! ah ! nous voilà bien surpris
Ah ! ah ! d'apprendre à l'improviste,
Ah ! ah ! qu'un nouvel aubergiste
Ah ! ah ! a réduit tous ses prix !

GRIMAUD.

Oui, pardieu ! que j'y perde ou gagne,
Peu m'importe ! et voilà, Messieurs, comme je suis :

Je veux faire de ce pays
Un vrai pays de cocagne.

BAZIN et GRIMAUD

Mangez en paix
Et buvez frais,
Tout, tout, tout, tout, tout est au rabais.

Reprise du chœur et sortie générale.

GRIMAUD, *bas, à Bazin.*

Si l'hôte que nous avons enfermé dans sa cave nous voyait, pourtant ?...

BAZIN, *bas.*

Tant pis pour lui !. . Pourquoi nous a-t-il résisté ?

On entend une cloche au loin.

SCÈNE II

LES MÊMES, *puis* ARAMIS, *puis* ATHOS, PORTHOS *puis* CONSTANCE *dans l'auberge.*

ARAMIS, *sortant de gauche, au premier plan.*

Bazin !...

BAZIN.

Voilà nos maîtres qui s'éveillent !

Ils entrent dans l'auberge.

ARAMIS.

Qu'est-ce que c'est que cette cloche?... l'Angélus?...

BAZIN.

Non, maître; il y a beau temps que l'Angélus a sonné! C'est la cloche du port. Les barques de pêche rentrent du large et toute la population se précipite pour aider à les hâler dans le chenal.

ARAMIS.

Et toujours pas de nouvelles de M. d'Artagnan?

GRIMAUD.

Toujours!... Mousqueton est sur la route, déguisé en bûcheron et épiant les gardes du Cardinal, qui épient eux-mêmes les environs.

BAZIN.

Ce sera une fière bénédiction du ciel si M. d'Artagnan parvient à franchir cette ligne de sentinelles.

ARAMIS.

Demandons-la au ciel cette bénédiction, monsieur Bazin! Mais la route est déserte?

GRIMAUD.

Pour l'instant!

ARAMIS.

Tant mieux!... on pourra prendre l'air!... Eh! Athos... Porthos!...

ATHOS, *entrant du premier plan, avec* Porthos.

D'Artagnan est arrivé?

ARAMIS.

Hélas! non!... mais la route est libre... et depuis trois jours que nous sommes calfeutrés dans cette auberge, il est si rare que nous puissions mettre le pied dehors!...

PORTHOS.

Si rare, morbleu! que j'en étouffe! J'ai une soif...

ATHOS.

Toujours?

PORTHOS.

Laisse-moi dire : une soif de mouvement.

Ils sortent sur la route.

ATHOS.

L'oisiveté ne te vaut rien, Porthos!

PORTHOS.

Absolument rien! Elle m'engraisse! Et j'entends déjà madame Coquenard s'écrier à mon retour : « Mon Dieu, monsieur Porthos! comme vous êtes engraissé! »... Ah! notre ami d'Artagnan ne devrait pas tarder davantage!

ARAMIS.

Non, certes!... mais crois qu'il ne baguenaude pas en chemin... quand ce ne serait que pour madame Bonacieux.

ATHOS.

Madame Bonacieux, qui n'est pas la moins inquiète de nous tous!

PORTHOS.

Pauvre femme!... Elle fait pitié!

ARAMIS.

Et quel courage !

ATHOS.

Et quel amour!... Chut! c'est elle!

CONSTANCE *paraît au haut de l'escalier intérieur.*

Monsieur Aramis !

ARAMIS, *entrant dans la maison.*

Madame !

CONSTANCE, *descendue dans la cuisine.*

Pas de nouvelles?

ARAMIS.

Hélas ! non!

CONSTANCE.

Vos amis sont là ?

ARAMIS.

Oui, Madame, aux aguets... comme moi... comme vous... interrogeant l'horizon avec la même anxiété !

CONSTANCE, *lui tendant la main.*

Merci ! (*Elle sort et va donner la main à Athos et à Porthos.*) Merci, Messieurs !

ATHOS.

Bon !... Et de quoi ?

CONSTANCE.

De votre dévouement .. de votre patience... de votre courage!

Pendant ce temps, Grimaud et Bazin sont entrés dans la maison et préparent le repas.

PORTHOS.

Moi, elle me fend le cœur !... et comme je ne sais pas consoler les femmes, je vais donner un coup d'œil à la cuisine !

Il rentre à gauche dans l'auberge.

CONSTANCE.

Au moins, tout est-il prêt pour partir, sitôt que M. d'Artagnan sera de retour?

ATHOS.

Tout est prêt. Le valet sûr qui vous a conduite ici cache nos chevaux dans une grange au milieu de la forêt...

ARAMIS.

Mousqueton surveille la route; Bazin et Grimaud gardent l'auberge...

CONSTANCE.

Oui, mais monsieur Bonacieux... les gardes du Cardinal...

ATHOS.

Ah ! dame, ils sont nombreux... et ils battent le pays en conscience !... Mais ils n'ont pas beau jeu à l'épée !... confiance donc, confiance !...

SCÈNE III

PORTHOS, BAZIN, GRIMAUD, dans l'auberge; ATHOS, ARAMIS, CONSTANCE, sur la route, MOUSQUETON, en bûcheron.

PORTHOS, dans la cuisine.

Comment, comment, maraud !... Tu prétends m'apprendre les règles de la cuisine ? A moi qui ai vu à l'œuvre la belle madame Coquenard ?... Un peu de gingembre, drôle !... et trois clous de girofle !...

Il fait sauter la casserole.

ATHOS, regardant au fond.

Alerte !... Mousqueton se replie sur l'auberge ! L'ennemi s'approche !

ARAMIS.

Rentrons !

Il offre la main à Constance pour rentrer dans la maison.

PORTHOS.

Ah ! vous arrivez bien !... On peut servir sur table...

ATHOS.

Il s'agit bien de servir !... Les gardes du Cardinal sont à nos trousses !

PORTHOS.

Allons, bon ! Allons, bien !... Vous allez voir que j'aurai fait la cuisine pour ces maroufles !

MOUSQUETON, accourant, de la porte.

Monsieur Bonacieux..., avec son escouade !...

Constance monte à l'étage supérieur. Les mousquetaires sortent à gauche.

PORTHOS, trempant son doigt dans la casserole.

Une sauce si soignée !... Tiens, goûte-moi ça !...

ARAMIS.

Le poète l'a dit, Porthos : *Sic vos non vobis !*

PORTHOS.

Vobis !... Mais non, c'est du lapin !

SCÈNE IV

GRIMAUD, BAZIN, MOUSQUETON, BONACIEUX, L'OFFICIER DES GARDES.

MOUSQUETON, feignant de lier un fagot, fredonne.

Viens ça sous la coudrette,
Landerirette ?

BONACIEUX, entrant, au fond, sur la route.

Ne vous éloignez pas !... J'aurai peut-être besoin de vous !... C'est vrai !... J'ai pris la douce habitude de ne plus faire un pas sans une escorte imposante... Ça flatte mon petit amour-propre d'abord... et puis, c'est une sécurité!

L'OFFICIER.

Monsieur Bonacieux n'a plus d'ordre à me donner?

BONACIEUX.

Je ne sais pas... je verrai... Je vous dirai qu'à jeun je ne jouis pas de toutes mes facultés.

L'OFFICIER.

En ce cas, voici une auberge...

BONACIEUX.

Une oasis, si j'en juge par les parfums qui s'en exhalent! Flairez-vous les parfums, lieutenant?

L'OFFICIER.

Je les flaire!

BONACIEUX.

On dirait du... non... ça ne fait rien... entrons!

Ils entrent dans l'auberge.

MOUSQUETON *s'éloigne en chantant.*

Mignonnette, viens ça,
Landerira!

BONACIEUX.

Holà! l'hôte!

BAZIN.

Que désirent vos seigneuries?

BONACIEUX.

Nos seigneuries désirent déjeuner.

BAZIN.

Ah!

BONACIEUX.

Qu'est-ce que vous allez nous servir?

BAZIN.

Nous avons du pain frais...

BONACIEUX.

Et avec ça?... des œufs?...

Il inspecte les casseroles.

BAZIN.

Dame!

BONACIEUX.

Je les prends!... Oh! pas un mot, lieutenant... je suis sur une piste... Un lapin?

BAZIN.

Mais...

BONACIEUX.

Je le prends!... Une volaille?

BAZIN.

Encore!...

BONACIEUX.

Je la prends!.. avec un peu de dessert et deux bonnes bouteilles de vin, nous nous contenterons de ce modeste menu!

GRIMAUD.

Cependant...

BONACIEUX.

Assez, maroufle!... Service de monseigneur le Cardinal!...

Ils commencent à déjeuner. Bazin et Grimaud les servent.

BAZIN, à part.

Le déjeuner de nos maîtres!...

GRIMAUD, menaçant Bonacieux par derrière avec une bouteille.

Si je m'écoutais!... (Bonacieux se retourne, il prend l'air gracieux.) Bourgogne soigné!

BONACIEUX, déjeunant.

Je ne suis pas un tacticien...

L'OFFICIER.

Non!

BONACIEUX.

Mais j'ai un système.

L'OFFICIER.

J'écoute!

BONACIEUX.

Surprendre l'ennemi .. l'écraser avec des forces supérieures et le prendre mort ou vif!... C'est pour moi le secret de la victoire.

L'OFFICIER.

César n'aurait pas mieux dit!

BAZIN, apportant l'omelette.

Une omelette que M. Porthos a fait sauter de ses propres mains!... Un peu de charbon, tiens! (Ainsi fait.) Omelette soignée!

BONACIEUX.

Merci, mon garçon ! (A l'officier.) La difficulté, c'est de surprendre l'ennemi !

Il s'est servi ; l'officier tend son assiette ; Bonacieux ne s'en aperçoit pas.

L'OFFICIER.

Oui !

BONACIEUX.

Les coquins sont habiles !... Voilà une omelette exquise, n'est-ce pas ?

L'OFFICIER.

Je vous en demanderai.

BONACIEUX.

Pardon ! Je ne vous en ai donc pas donné ? (Il le sert.) Et quand je pense que ce maudit Gascon m'a joué comme un imbécile !

L'OFFICIER.

Un imbécile, lui ?

BONACIEUX.

Non, moi !... Je voulais l'enrôler pour Son Éminence. (Il manque d'étrangler.) Tiens ! il y a des truffes !

BAZIN, à part.

C'est le charbon !

BONACIEUX.

Je l'ai même fait dorloter par ma femme... Temps perdu !... Le drôle est à la reine... Lui et son rustaud de laquais, qui m'a emprunté trois cents écus... et volé le reste !

BAZIN, apportant le lapin.

Lapin soigné !

BONACIEUX.

Merci, mon garçon, mais je les retrouverai.

Même jeu que pour l'omelette.

L'OFFICIER.

Au débarqué!

BONACIEUX.

Et bien fins... Ce lapin est délicieux!

L'OFFICIER.

Je vous en demanderai.

BONACIEUX.

Ah! pardon, lieutenant, je ne vous en ai donc pas donné?.. Bien fins, s'ils rompent le cordon de troupes qui gardent la plage.

L'OFFICIER.

Ils ne le rompront pas!

BONACIEUX.

Non! Nous les tenons!... Nous rentrons à Paris avec... Un peu de sauce?... Nous rentrons à Paris avec nos prisonniers. Son Éminence reconnaissante octroie les six cents écus promis en échange du précieux écrin... et je puis enfin recoudre l'épilogue qui manque aux fêtes de mon mariage!

L'OFFICIER.

Ah bah!

BONACIEUX.

Hélas! oui, lieutenant, l'épilogue a totalement manqué... (Grimaud a apporté le fromage.) Et vous me croirez si vous voulez, lieutenant...

Bonacieux laisse tomber un morceau du fromage qu'il avait coupé.

L'OFFICIER.

Je veux vous croire...

BONACIEUX.

Un peu de fromage ?

L'OFFICIER.

Tiens! vous me servez le premier?

BONACIEUX.

Oui! C'est du chester, et ne l'aime pas... (A part.) surtout quand il est tombé! (Haut.) Ça me manque qu'il ait manqué!

L'OFFICIER.

Madame Bonacieux est jolie?

BONACIEUX.

Adorable!... Alors vous voyez Tantale... Avec ça qu'il m'a soufflé au cœur comme un renouveau de jeunesse... tant et tant que je ne peux plus voir une jolie fille sans que... frtt!... frtt!...

L'OFFICIER.

Vraiment?

BONACIEUX.

Frtt!.. frtt!.. Lieutenant.. frtt!.. frtt !..

SCÈNE V

LES MÊMES, D'ARTAGNAN et PLANCHET, en pêcheuses de crevettes, MOUSQUETON, sur la route.

D'ARTAGNAN entre vivement avec Planchet.

Nous y sommes !

PLANCHET.

Mais comment savoir ?

D'ARTAGNAN.

Eh ! l'ami!

MOUSQUETON.

Mademoiselle !

D'ARTAGNAN, à Mousqueton.

Pourriez-vous m'indiquer mon chemin ?

MOUSQUETON.

Savoir d'abord où vous allez ?

D'ARTAGNAN.

Où je vais ?.. je ne sais pas trop... Mais je cherche une auberge où je dois rencontrer trois mousquetaires...

MOUSQUETON.

Trois mousquetaires... Eh! eh ! pour une jeunesse !..

PLANCHET.

Nous sommes des jeunesses qui n'ont peur de rien !..

MOUSQUETON.

Alors, cherchez... je n'ai pas vu de mousquetaires dans le pays.

D'ARTAGNAN.

Il serait possible ?.. Ils n'auraient pas attendu mon retour ? non ! tu mens !.. jure...

MOUSQUETON.

Foi de Mousqueton !

D'ARTAGNAN.

Mousqueton !

MOUSQUETON.

Je me suis trahi !

D'ARTAGNAN.

Eh ! non, cadédis !.. Reconnais-moi !

MOUSQUETON.

Monsieur d'Artagnan !..

PLANCHET.

Et mademoiselle Planchet !.. Chut !...

D'ARTAGNAN.

Ton maître ?

MOUSQUETON, montrant l'auberge.

Là... mais caché... avec ses amis !.. Vu que, pour l'instant, c'est le quartier général de monsieur Bonacieux.

D'ARTAGNAN.

Monsieur Bonacieux!.. il est bien trop bête pour me reconnaître sous ce déguisement... Viens, Planchet!

PLANCHET.

Voilà! voilà!.. Je fais seulement bouffer ma jupe!

Ils entrent dans l'auberge, Mousqueton s'éloigne à droite.

L'OFFICIER, *se levant.*

Qui va là?

D'ARTAGNAN.

Mille excuses, monsieur le soldat! Vous ne voudriez pas un panier de crevettes?

BONACIEUX.

Tiens! tiens! Mais voilà une jolie fille!

PLANCHET.

Ça vous écorcherait la langue de dire deux jolies filles?

BONACIEUX.

Ah! ah! la petite est coquette!.. A vous, lieutenant! Moi, je m'adjuge celle-ci!

D'ARTAGNAN.

Dites donc, vous!.. Et mon consentement?

BONACIEUX.

Farouche alors?.. Tant mieux! J'aime la lutte! (*Il veut lui prendre la taille*).

D'ARTAGNAN.

A bas les pattes!

PLANCHET.

Nous ne sommes pas celles que vous croyez!

DUETTO

D'ARTAGNAN et PLANCHET.

I

Nous sommes deux jeunes filles.
Qu'ont perdu leurs grands parents;
Nous soutenons nos familles
De nos travaux innocents!
On est pauvre, mais honnête,
On résiste aux séducteurs.
Et l'on pèche la crevette
Pour crier aux amateurs :
　　La belle crevette!
　　La bonne crevette!
La douzaine pour un denier!
　　Voyez notre pêche!
　　Voyez, qu'elle est fraiche!
A douze sols tout le panier!

II

Nous pourrions, comme certaines,
Écouter les enjôleux!
Avoir aux mains des mitaines,
Fouler des tapis moelleux!
Mieux vaut porter haut la tête,
Fermer l'oreille aux flatteurs,
Pêcher la belle crevette,
Et crier aux amateurs :
　　La belle crevette!
　　La bonne crevette!
La douzaine pour un denier!
　　Voyez notre pêche!
　　Voyez qu'elle est fraiche!
A douze sols tout le panier

BONACIEUX.

Naives enfants!.. On vous les achètera, vos crevettes!.. vos paniers aussi!.. Mais il ne faut pas que le sentiment nous fasse oublier la politique!.. (*A Planchet.*) Toi, petite, entre ici... (*Il montre la gauche. A Grimaud.*) Et toi, maroufle, paie-lui sa marchandise quatre fois ce qu'elle vaut!.. Vous, lieutenant...

L'OFFICIER.

Je vais relever mes gardes!

BONACIEUX.

Parfait!.. (*Grimaud et Planchet entrent à gauche. L'officier sort à droite.*) Ah! lieutenant!..

Il sort après lui et lui parle bas sur la route.

D'ARTAGNAN, *seul dans l'auberge.*

Où va-t-il?

Il écoute à la porte.

SCÈNE VI

D'ARTAGNAN, CONSTANCE, BONACIEUX

CONSTANCE, *sur l'escalier.*

Je n'entends plus rien!

D'ARTAGNAN, *apercevant Constance.*

Ah! Constance!

CONSTANCE, descendant.

Cette voix!

D'ARTAGNAN.

C'est moi... d'Artagnan!

CONSTANCE.

Enfin!

BONACIEUX, revenant.

C'est convenu, lieutenant!

D'ARTAGNAN.

Chut!

CONSTANCE.

Les ferrets?

D'ARTAGNAN.

Dans mon panier! (Il regarde par le trou de la serrure.) Nos amis?

CONSTANCE.

Ils attendent ici!.. Et bientôt...

D'ARTAGNAN.

Votre mari!..

Constance se jette derrière la porte à gauche au moment où Bonacieux rentre dans l'auberge.

BONACIEUX.

Là!.. voilà toutes mes précautions prises... et je puis goûter sans remords un instant de distraction!.. C'est qu'elle est vraiment appétissante, cette petite pêcheuse de crevettes!..

Il lui prend la taille.

D'ARTAGNAN.

Touchez pas!

BONACIEUX.

Pourquoi ça?.. Ça pique?

D'ARTAGNAN.

Non! Ça claque!

BONACIEUX.

Sauvage!.. petite sauvage! Tu crois peut-être que je voudrais te faire du mal?

D'ARTAGNAN.

Je crois que vous êtes un gros enjôleux, qui en conte à toutes les demoiselles!

BONACIEUX.

Pas à toutes! Je suis très difficile, au contraire... Parce que je suis connaisseur... Et ça devrait te flatter de voir que je te fais la cour!

D'ARTAGNAN.

Si encore c'était pour le bon motif?

BONACIEUX.

Pour le bon motif? Elles sont toutes les mêmes!... Je ne pourrais pas... Je suis marié!

D'ARTAGNAN.

Marié!... Oh! ben!... marié!... Si votre femme vous voyait?

BONACIEUX.

Il n'y a pas de danger... Ma femme est loin d'ici... et personne ne lui redira...

ACTE TROISIÈME

TERZETTO

ENSEMBLE

D'ARTAGNAN.

Voyez donc comme il s'enflamme
Pour un amoureux transi !
Mais croyez-vous votre femme
Assez loin d'ici ?

BONACIEUX.

Ne repousse pas ma flamme,
Réponds-moi sans nul souci,
Et ne crains rien de ma femme,
Elle est loin d'ici !

CONSTANCE, cachée.

Voyez donc comme il s'enflamme !
Mais je veille, et Dieu merci,
Mon cher époux, votre femme
N'est pas loin d'ici !

BONACIEUX.

Va, ne crains rien ! le mariage
Ne nous empêche pas de mordre à l'hameçon.
Un mari qui voyage
Est un mari garçon !

CONSTANCE, à part.

Pardieu ! quelle leçon !

D'ARTAGNAN.

Écoutez la leçon !

REPRISE DE L'ENSEMBLE

D'ARTAGNAN.

Taisez-vous, polisson !
Que vous connaissez mal l'orgueil de nos fillettes !
Croyez-vous ceci plein d'appas,
Que j'aille ramasser les miettes
D'un cœur qui ne m'appartient pas ?

BONACIEUX.

Eh bien ?...

D'ARTAGNAN.

Eh bien ?

BONACIEUX.

Ce cœur est tout à toi, friponne,
Car jusques à ce jour à ma femme étranger...

D'ARTAGNAN.

Étranger ?

BONACIEUX.

Je n'ai pas effeuillé sa couronne
Sa couronne de fleur d'oranger !

D'ARTAGNAN.

Rien ?

BONACIEUX.

Rien !

D'ARTAGNAN.

Pas ça ?

BONACIEUX.

Pas ça !

D'ARTAGNAN, riant.

L'aventure est bouffonne.

BONACIEUX.

Tu ris?

D'ARTAGNAN.

Un peu, mon cher, un peu!

A part.

Et je sais quelqu'un qui soupçonne
Le bien que me fait cet aveu!

REPRISE DE L'ENSEMBLE

Voyez donc comme il s'enflamme...
Etc.

BONACIEUX.

Mais, voyons, voyons!... tu es trop sauvage à la fin... Et, si tu me refuses plus longtemps...

D'ARTAGNAN.

Des menaces?

BONACIEUX.

De tendres menaces!... Un baiser... ou... je le prends!...

D'ARTAGNAN.

Prenez-le!

BONACIEUX va pour l'embrasser.

Tout de suite!

D'ARTAGNAN.

Ah! traître!

Un soufflet.

BONACIEUX.

Aïe!...

CONSTANCE, souffletant Bonacieux.

Parjure!

BONACIEUX.

Aïe!... Oh! ma femme!

CONSTANCE.

Je vous y prends!...

BONACIEUX.

Ma femme ici!... Par quel prodige?...

CONSTANCE.

La jalousie, Monsieur... j'étais jalouse!...

BONACIEUX.

Toi!... toi qui disais que tu ne m'aimais pas ...

CONSTANCE.

C'était une épreuve... pour m'assurer que vous étiez digne de ma tendresse... Je suis fixée, maintenant! Et c'est fini, je ne vous aime plus!

BONACIEUX.

Constance!

D'ARTAGNAN.

C'est bien fait!

BONACIEUX.

Mademoiselle!... Constance!

D'ARTAGNAN.

Fi! Monsieur, fi... tromper sa femme!

BONACIEUX.

Mêlez-vous de ce qui vous regarde, vous!... Constance!

D'ARTAGNAN.

Et quelle femme!... jeune!... jolie!... tendre!... jalouse!...

BONACIEUX.

Voulez-vous bien vous taire!... Constance!

D'ARTAGNAN.

Non, je ne me tairai pas!... Même que s'il y a une justice sur la terre, s'il y a une justice, vous serez...

BONACIEUX.

Assez!... ne l'écoute pas! Constance, ne l'écoute pas!

CONSTANCE.

Il a raison, pourtant, vous mériteriez...

BONACIEUX.

Non, non!...

CONSTANCE.

M'avoir abandonnée au lendemain même de notre mariage...

BONACIEUX.

Une mission de confiance, que je ne pouvais refuser... Et tu te souviens encore... au moment de mon départ...

CONSTANCE.

Je me souviens qu'au moment de votre départ, vous m'avez soupçonnée d'être du complot de monsieur Aramis.

BONACIEUX.

J'avais tort!... je te soupçonnais injustement!... A preuve que ce n'était pas monsieur Aramis... C'était ce maudit cadet de Gascogne...

D'ARTAGNAN.

Ah! ah! ah!

BONACIEUX.

Mais patience!... nous ne tarderons pas à le prendre!...

D'ARTAGNAN.

Ah! ah! ah! Vous êtes un malin, vous!

CONSTANCE.

Vous croyez?

BONACIEUX.

Je t'en réponds... et alors, nous rentrerons à Paris.

CONSTANCE.

Tout de suite.

BONACIEUX.

Tout de suite?

CONSTANCE.

Oui!...

BONACIEUX.

Mais d'Artagnan?

CONSTANCE.

Qu'est-ce que ça me fait, d'Artagnan? Je veux repartir tout de suite...

BONACIEUX.

Monsieur le Cardinal cependant...

CONSTANCE.

Je me moque bien de monsieur le Cardinal! Je veux repartir!

BONACIEUX.

Encore faut-il le temps de commander un carrosse?

CONSTANCE.

Je reviendrai à cheval!

BONACIEUX.

Eh bien, de commander des chevaux!... Là... tu ne veux pas revenir à pied!... Je vais commander les chevaux... (A part.) C'est une heure de répit... et dans une heure, ce sera bien le diable si nous n'avons pas pris d'Artagnan! (Haut.) Es-tu contente maintenant?

CONSTANCE.

Je ne le serai que quand vous serez parti!

BONACIEUX.

Eh bien!... je pars!... je fais toutes tes volontés!... Je pars!... A bientôt, chérie!... A bientôt! (Il sort sur la route et disparaît.) Holà! lieutenant!

SCÈNE VII

CONSTANCE, D'ARTAGNAN, puis PLANCHET.

CONSTANCE.

Avez-vous compris?

D'ARTAGNAN.

Parfaitement... sous prétexte de jalousie, vous emmenez Bonacieux...

Il quitte ses vêtements de femme.

CONSTANCE.

La place est libre...

D'ARTAGNAN.

Et nous rentrons à Paris par un chemin, tandis que vous rentrez par l'autre!

CONSTANCE.

Voilà!... Pour les ferrets?...

D'ARTAGNAN, *allant reprendre son panier.*

Les voici.

CONSTANCE.

Non, gardez-les!... Vous les avez conquis au prix de mille dangers... A vous la gloire de les remettre!...

PLANCHET, *sortant de gauche.*

Désolé d'interrompre le tête-à-tête à Monsieur! mais il n'y a pas un instant à perdre... A cheval!

CONSTANCE.

Vous l'entendez!... Dieu vous accompagne!...

D'ARTAGNAN.

Constance!... L'heure du danger n'est pas finie encore!... Ce précieux écrin que je dois rendre à madame de Tréville, il se peut que j'aie à le défendre au prix de mon sang... un premier baiser m'a déjà porté bonheur... m'en refuserez-vous un second?

CONSTANCE.

Oh! comme vous savez habilement demander l'aumône!

Elle l'embrasse.

PLANCHET, le tirant.

Monsieur, Monsieur, vous embrassez trop!

SCÈNE VIII

LES MÊMES, BONACIEUX, puis ATHOS, PORTHOS, BAZIN, GRIMAUD, PLANCHET, MOUSQUETON, L'OFFICIER, LES GARDES.

BONACIEUX, rentrant de droite.

Pas de nouvelles de d'Artagnan!

D'ARTAGNAN.

Constance ! ma chère Constance !

BONACIEUX, dressant l'oreille.

Hein? Cette voix. (Il regarde par une petite ouverture au-dessus du fourneau.) Ah! joué! trois fois joué!

ATHOS, entrant.

Vite !... les chevaux sont prêts!

ARAMIS.

La nuit vient... profitons-en!

BONACIEUX.

Athos! Aramis et Porthos!... (Criant.) A moi! A la garde!

Grimaud et Bazin entrent aussi dans la cuisine.

PLANCHET.

Replions-nous, Monsieur, replions-nous !

D'ARTAGNAN.

Eh bien ! au revoir, Constance, au revoir!

BONACIEUX, criant.

Au secours! A la garde!

CONSTANCE.

Ciel!... Cette voix!...

PORTHOS, entr'ouvrant la porte.

Bonacieux !

D'ARTAGNAN.

Nous sommes cernés!

ARAMIS.

C'est un siège à soutenir!

ATHOS.

Barricadons-nous!

Ils ferment la porte et entassent devant des chaises, des tabourets, des paniers.

L'OFFICIER, arrivant avec ses gardes.

En avant!

BONACIEUX.

Victoire!... Nous les tenons dans une souricière!

L'OFFICIER.

Rendez-vous!

Les gardes frappent à coups de fusil contre la porte et les murs.

BONACIEUX.

Oh! si j'avais du canon!...

D'ARTAGNAN, paraissant au haut de la cheminée et regardant de tous côtés, puis regardant derrière la maison.

Personne de ce côté!... Suivez-moi!...

Il suit le toit jusqu'à gauche et disparaît.

ATHOS, paraissant à son tour après que d'Artagnan a disparu.

A vous, camarades!

Il disparaît.

ARAMIS.

Si madame de Chevreuse me voyait?

Même jeu.

BONACIEUX.

Et pas de canon!.. pas de canon!

PORTHOS.

Je ferme la marche!.. Mais quelle chance que je n'aie

pas sur moi le joli baudrier que me broda la belle madame Coquenard!

Même jeu. Les domestiques sortent à gauche. Planchet s'est caché dans le fourneau. La porte cède. l'échafaudage de la barricade croule. Les gardes se précipitent dans la maison.

L'OFFICIER.

Ah! enfin!.. Personne!

BONACIEUX.

Dénichés!.. Envolés!..

L'OFFICIER.

Voyons ici!

Il entre à gauche avec quelques gardes.

BONACIEUX.

Par la cheminée peut-être?.. Oui... ce panier de crevettes... ce morceau de dentelles... A moi, ramoneurs!

Il monte dans la cheminée.

PLANCHET, sortant de dessous le fourneau.

Dans la cheminée!.. nous allons rire!..

Il ramasse un fagot près de la cheminée et le jette dedans. Le fagot s'allume et l'on voit Bonacieux émerger de la cheminée au milieu d'une gerbe d'étincelles.

BONACIEUX, criant.

A moi!.. Je fris!.. Je me fume!..

L'OFFICIER, arrêtant Planchet par la jupe.

J'en tiens un!

PLANCHET dégrafe sa jupe; elle reste dans les mains de l'officier qui tombe à la renverse, et Planchet sort en courant. On voit repasser au fond les mousquetaires, pendant que les gardes fouillent inutilement la maison.

Tenez bien, lieutenant!..

DEUXIÈME TABLEAU

UNE SALLE DE L'HOTEL DE VILLE

Portes latérales au premier plan. — Au fond, une large baie fermée par des rideaux.

SCÈNE PREMIÈRE

ARMIDE, MOUSQUETAIRES, GARDES.

ARMIDE.

Dieu vous garde, Messieurs! Toujours sans nouvelles d'Athos?

PREMIER MOUSQUETAIRE.

Toujours.

ARMIDE.

Ni de Porthos, ni d'Aramis?.. Les braves cœurs!... Ils auront péri dans quelque guet-apens... Merci, Messieurs... Laissez-moi!

Les mousquetaires saluent et sortent.

SCÈNE II

ARMIDE, puis CONSTANCE

ARMIDE.

C'est fini!... Tout est fini!... Partie perdue! La reine n'aura pas ses ferrets... Le roi voudra savoir la vérité et monsieur de Richelieu triomphera!... Ventre-saint-gris!...

CONSTANCE, entrant de gauche.

Eh bien! Madame, eh bien?

ARMIDE.

Ah! te voilà, Constance!

CONSTANCE.

Pas de nouvelles, toujours?

ARMIDE.

Hélas! non! mais c'est toi qui devrais m'en rapporter, des nouvelles... Tu arrives de Calais?

CONSTANCE.

Il y a deux heures, avec monsieur Bonacieux... mais j'espérais... je voulais espérer encore... malgré toutes les présomptions contraires... contre toute certitude...

ARMIDE.

Contre toute certitude?

CONSTANCE.

Hélas! oui, Madame, tout est perdu... une première fois nos amis avaient pu échapper aux gardes du Cardinal et gagner, presque sans coup férir, la route de Paris...

ARMIDE.

Continue...

CONSTANCE.

Quand, ce matin, aux environs de Creil... les deux troupes se sont rencontrées...

ARMIDE.

Une bataille?

CONSTANCE.

Terrible! Mais dont l'issue ne pouvait être douteuse pour moi!.. Car deux heures après, monsieur Bonacieux a pris des airs de triomphe qui ne me laissaient plus aucun espoir.

ARMIDE.

Pauvre reine!

CONSTANCE.

Pauvre d'Artagnan!

ARMIDE.

Pauvres mousquetaires! — Ah! si j'avais été là, ventre-saint-gris!

CONSTANCE.

Vous, Madame?

ARMIDE.

Moi, Constance.

COUPLETS

I

Je ne suis pas une poupée
Qui se pâme, blême d'effroi,
Et j'aurais joué de l'épée
En vrai mousquetaire du roi!
J'aurais ferraillé, Dieu sait comme,
Pour cette cause que j'aimais!..
Je ne suis qu'une femme, mais
Une femme qui vaut un homme!

II

Car, ventre-saint-gris, je me tâte!
Est-ce une erreur du sort malin?

Mais avec rage je constate
Que je n'ai rien de masculin!
J'aurais, pour naître gentilhomme,
Donné tous mes faibles attraits!..
Je ne suis qu'une femme, mais
Une femme qui vaut un homme!

ARMIDE, au Mousquetaire qui entre.

Qu'y a-t-il?

PREMIER MOUSQUETAIRE.

Madame de Chevreuse prie madame de Tréville de se rendre auprès d'elle.

ARMIDE.

La duchesse?.. Y aurait-il du nouveau? Je cours... Toi, Constance — je te retrouverai ici?

CONSTANCE.

Oui, Madame, ne vous ai-je pas dit que j'espère contre toute certitude? — Tant que je n'aurai pas vu Sa Majesté sans ses ferrets de diamants, je ne voudrai pas croire que le ciel nous ait abandonnées!

ARMIDE.

En ce cas, à bientôt!.. Ah! les hommes! Ah! si j'étais un homme!...

Elle sort au fond.

SCÈNE III

CONSTANCE, BONACIEUX

BONACIEUX, entrant de gauche, à la colonnade.

Monsieur Bonacieux!.. Oui, capitaine!...

CONSTANCE.

Mon mari!

BONACIEUX.

Vous voudrez bien prévenir Son Éminence, aussitôt qu'elle arrivera à l'hôtel, que monsieur Bonacieux sollicite la faveur de se jeter à ses augustes pieds!

CONSTANCE.

Ces airs railleurs!... Évidemment, c'est lui qui a réussi!...

BONACIEUX.

Son Éminence aura plaisir à me revoir!... (Apercevant Constance.) Tiens!... Madame Bonacieux!

CONSTANCE.

Ma présence ici vous surprend?

BONACIEUX.

Un peu, je l'avoue... mais elle ne m'en réjouit que davantage.

CONSTANCE.

Trop galant pour un mari!

BONACIEUX.

Oh! un mari... je suis encore surnuméraire dans l'emploi! mais surnuméraire, c'est le premier pas... et il n'y a, dit-on, que le premier pas qui coûte.

CONSTANCE.

Ne vous y fiez point tant!

BONACIEUX.

Taratata!... Je ne suis pas un imbécile!

CONSTANCE.

Il n'y a que vous qui dites ça.

BONACIEUX.

Possible encore, Madame!... Mais, dans un instant, nous serons deux à le dire.

CONSTANCE.

Vous... et?...

BONACIEUX.

Et monsieur le Cardinal! Vous ne contesterez pas la valeur de son jugement!

CONSTANCE.

J'y croirai... quand j'aurai vu...

BONACIEUX.

Vous voulez voir?...

CONSTANCE.

Quoi, d'abord?

BONACIEUX.

Que je ne suis pas un imbécile?

CONSTANCE.

Ce serait une surprise...

BONACIEUX.

Eh bien!... car je puis parler, maintenant!... Avant une heure, le scandale aura éclaté et il est trop tard pour qu'aucune puissance humaine puisse l'empêcher.

CONSTANCE.

Ah! mon Dieu!... Achevez!

BONACIEUX, *tirant un écrin de dessous son manteau.*

Reconnaissez-vous cet écrin?

CONSTANCE.

Les ferrets de la reine!

BONACIEUX.

Oui, les ferrets!... Et quand monsieur le Cardinal ouvrira ce précieux écrin... quand il retrouvera ces diamants voyageurs... on verra si c'est Bonacieux qui est un imbécile! (Constance s'évanouit.) Eh bien!... eh bien. qu'est-ce qui vous prend?

SCÈNE IV

LES MÊMES, ARMIDE.

ARMIDE.

Rien! toujours! rien! (Apercevant Constance évanouie dans les bras de Bonacieux) Ah! Constance!... mon enfant!... Elle a perdu connaissance!

BONACIEUX.

Je ne sais comment?... Une plaisanterie, dont je ne pouvais pas prévoir les suites!... Constance!... Ma femme!...

ARMIDE.

Mais laissez-la donc, affreux homme! (Elle le repousse brutalement.) Constance! reviens à toi!... Constance!

CONSTANCE.

Oh! pourquoi ne suis-je pas morte?

ARMIDE.

Qu'est-il arrivé? (Prenant Bonacieux au collet) Maroufle!... C'est votre faute!

BONACIEUX.

Madame... vous m'étranglez... vous étranglez un homme à Son Éminence !

ARMIDE.

Taisez-vous !... Je vous ferai fustiger par mes mousquetaires à coups de plat d'épée !

BONACIEUX.

Vos mousquetaires?... Parlons-en !

ARMIDE.

Qu'est-ce à dire?

BONACIEUX.

Que monsieur le Cardinal s'est plaint à Sa Majesté que la discipline est étrangement relâchée !

ARMIDE.

Monsieur Bonacieux !

BONACIEUX.

Que vos officiers ont toute licence... comme de quitter Paris... de livrer bataille aux gardes de monsieur de Richelieu... de déserter...

ARMIDE.

Déserter !

BONACIEUX.

Faut-il vous dire des noms ?

ARMIDE.

Ventre-saint-gris !

BONACIEUX.

Athos... Porthos... Aramis !...

SCÈNE V

LES MÊMES, ATHOS, PORTHOS, ARAMIS, puis D'ARTAGNAN, MOUSQUETAIRES. PLANCHET, GRIMAUD, BAZIN, MOUSQUETON.

Musique de scène.

ATHOS, PORTHOS, ARAMIS.

Présents !

CONSTANCE.

Eux !

ARMIDE.

Mes mousquetaires !

BONACIEUX.

Je rêve !

CONSTANCE.

Et d'Artagnan ?

D'ARTAGNAN parait en mousquetaire.

Présent !

ARMIDE.

Oh ! qu'il est beau !

D'ARTAGNAN.

Mousquetaire !... Je suis mousquetaire !

BONACIEUX.

J'avais pourtant vu quatre prisonniers !...

PLANCHET, entrant avec Bazin, Grimaud et Mousqueton, et suivi des mousquetaires de la compagnie.

C'étaient nous... relâchés après constatation de notre identité.

BONACIEUX.

C'étaient de faux mousquetaires !

ATHOS.

De vrais mousquetaires ne se seraient pas laissé prendre !

BONACIEUX.

Bon ! Et qu'auraient-ils fait ?

ARMIDE.

Ils se seraient fait tuer !

BONACIEUX.

Mais, vive Dieu ! si vous vous êtes échappés, restent les diamants !

D'ARTAGNAN.

Croyez-vous ?

BONACIEUX.

Ah ! mon Dieu !.. le secret... pour ouvrir l'écrin... le secret que je ne connais pas...

ARMIDE.

Je le connais, moi !

Elle ouvre l'écrin.

BONACIEUX.

Vide !.. vide !.. Et les ferrets ?..

D'ARTAGNAN.

Au corsage de la reine !..

ARMIDE.

Merci, mousquetaire !

Elle lui serre la main.

D'ARTAGNAN.

Mousquetaire !.. Ah ! ma capitaine !..

PLANCHET.

Eh bien ! et moi? Qu'est-ce que je vais devenir ?

ARMIDE.

Tu seras l'ordonnance de Monsieur !

PLANCHET.

Soldat ! Je suis soldat !

COUPLET

D'ARTAGNAN.

Ah ! cadédis !
Quel paradis !
Mon cœur tressaille d'allégresse,
Ah ! cadédis
Quel paradis
Ce doux rêve de ma jeunesse,
Qui m'a fait grandir en fierté
Devient une réalité !..
Est-il plus heureux sur la terre ?
C'est donc vrai ?.. je suis mousquetaire.
Je suis mousquetaire du roi,
Et l'on pourra dire de moi :
Aussi beau qu'Apollon,
Etc.

FIN

IMPRIMERIE CHAIX, 20, RUE BERGÈRE, PARIS. — 6250-5.

POÉSIES, MONOLOGUES ET SCÈNES COMIQUES

Titre	Prix
L'Art de dire les fables	1 »
Adam et Eve, bouffonnerie en vers	» 50
Amoureux d'une Jambe de bois, fantaisie	» 30
L'Aumône, poésie	» 50
Une aventure de Courapied	» 50
Une belle-mère sous la neige, monologue	» 50
Cache-Cache	» 50
Chatterton mourant, poésie	» 60
Les Chevaliers de la misère	» 30
Chiquerille sur mer, monologue	» 50
La Clé, monologue en vers	» 50
La compote d'ananas, en vers	» 50
Le Cor, monologue	» 50
Le coup de poing de Penhoel, poésie	» 30
La dernière nuit d'André Chénier	» 60
Les deux bébés, poésie	» 50
Le Divorce, conférence	» 50
Les enfants de l'Ivrogne, poésie	1 »
Entre deux balcons, monologue	» 50
Figaro en Prison en vers	1 »
Le hanneton, scène comique	1 »
Un jeune homme	1 »
Mon maître d'école, poésie	» 50
La lanterne de Diogène, poésie	» 60
Les martyrs de la Liberté, poésie	» 50
Un Monsieur qui n'a peur de rien	» 50
Un Monsieur sur un paillasson	1 »
La Mort de Gilbert	» 60
La Mouche, monologue	1 »
Le Mouton, poésie	» 25
Myope, monologue	» 50
Le Nez du Colonel, scène comique	» 30
La Pipe du sergent Schauss, poésie	» 30
Les Pompiers, poésie	» 50
Premier Amour, scène comique	1 »
Le Ramasseur de bouts d'cigares	» 50
Têtes et Chapeaux, monologue	» 50
Le Roman d'un pion, poésie	» 30
Toast à la France, poésie	» 20
La vision du Tasse, poésie	» 60
Jeanne d'Arc en prison	0 60
La Plaideuse, monologue	» 50
Sans bonne	» 50
La Nuit terrible, scène comique	» 50
Sauvetage	» 50
Une conférence au bord de la mer	» 75
Le pain d'épice	» 75
La Source	1 »
Le petit Papillon	» 50
Les Vergilet	» 50
Amour de Portier	» 50
Le Perroquet vert	1 »
N'oubliez rien sur les coussins	1 »
Le Clou	1 »
Paroles d'un enfant	1 »
Premier Rêve de fortune	1 »
Betinois de Bayeux, vaudeville	1 25
Un Rêve	1 »
La Bouteille à Jean	1 »
La Douche	1 »
Un Eclair de chaleur	1 50

EMILE COLIN. — Imprimerie de Lagny.

www.ingramcontent.com/pod-product-compliance
Ingram Content Group UK Ltd.
Pitfield, Milton Keynes, MK11 3LW, UK
UKHW031847260826
14628UKWH00002B/640

9 782019 717452